DE LA

RÉSERVE LÉGALE

EN

MATIÈRE DE SUCCESSION.

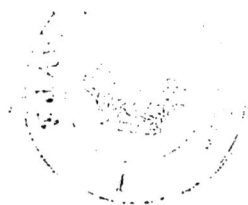

DE LA

RÉSERVE LÉGALE

EN

MATIÈRE DE SUCCESSION.

DISSERTATION

QUI A OBTENU LA PREMIÈRE MÉDAILLE D'OR, LORS DU
PREMIER CONCOURS OUVERT EN 1840, A LA FACULTÉ DE
DROIT DE STRASBOURG, EN EXÉCUTION DE L'ORDONNANCE
ROYALE DU 17 MARS 1840.

PAR

J. B. KUHLMANN,

AVOCAT, DOCTEUR EN DROIT, CHEF DE DIVISION A LA PRÉFECTURE
DU HAUT-RHIN.

MULHOUSE,
IMPRIMERIE DE J. P. RISLER.
1846.

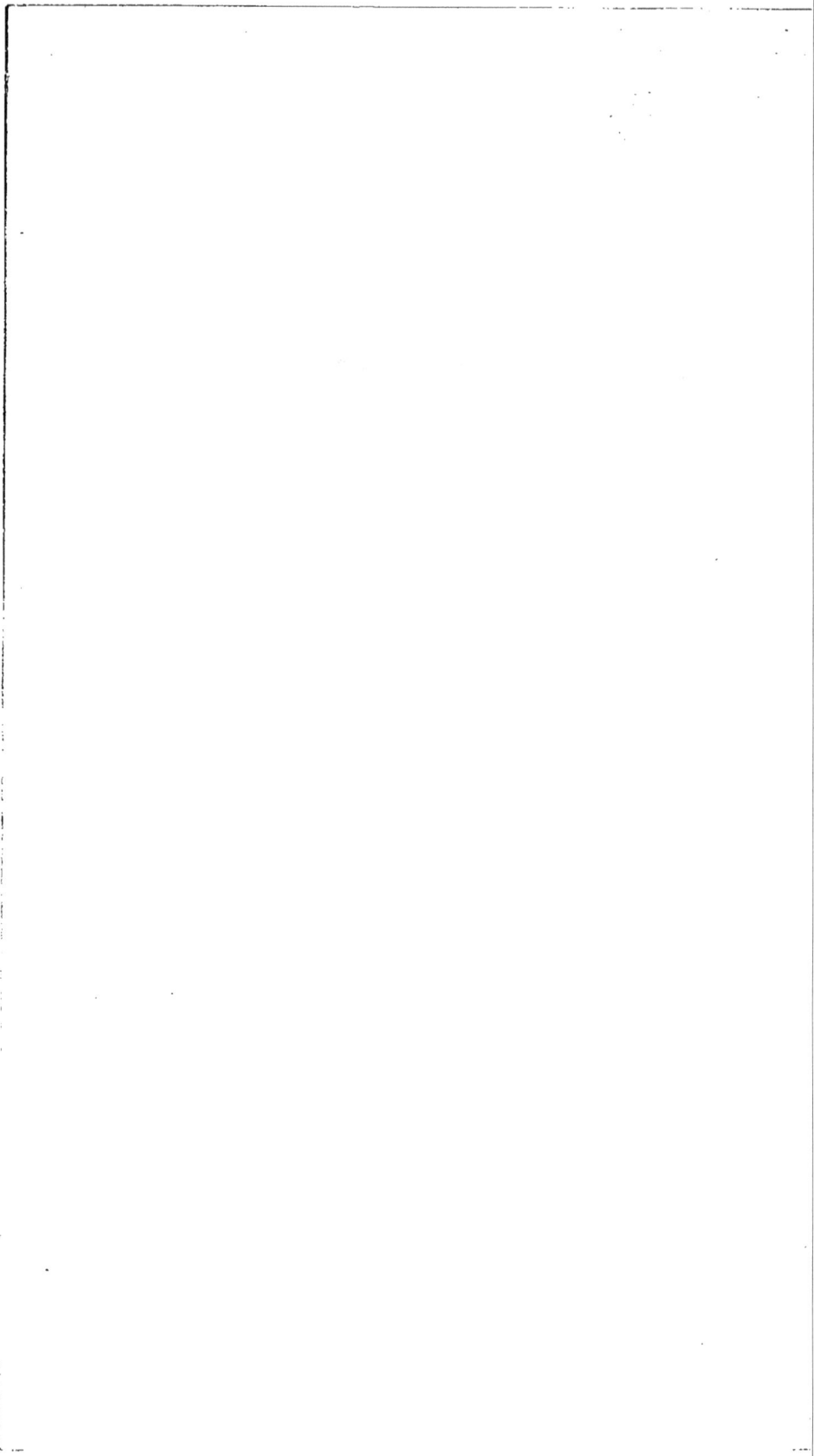

QUESTION MISE AU CONCOURS :

QUELLE EST L'ORIGINE

DE LA RÉSERVE LÉGALE EN MATIÈRE DE SUC-
CESSION, ET QUELLES SONT LES CONSÉQUENCES
QU'ON PEUT EN DÉDUIRE POUR L'INTERPRÉTA-
TION DES DISPOSITIONS DU CODE CIVIL QUI Y
SONT RELATIVES ?

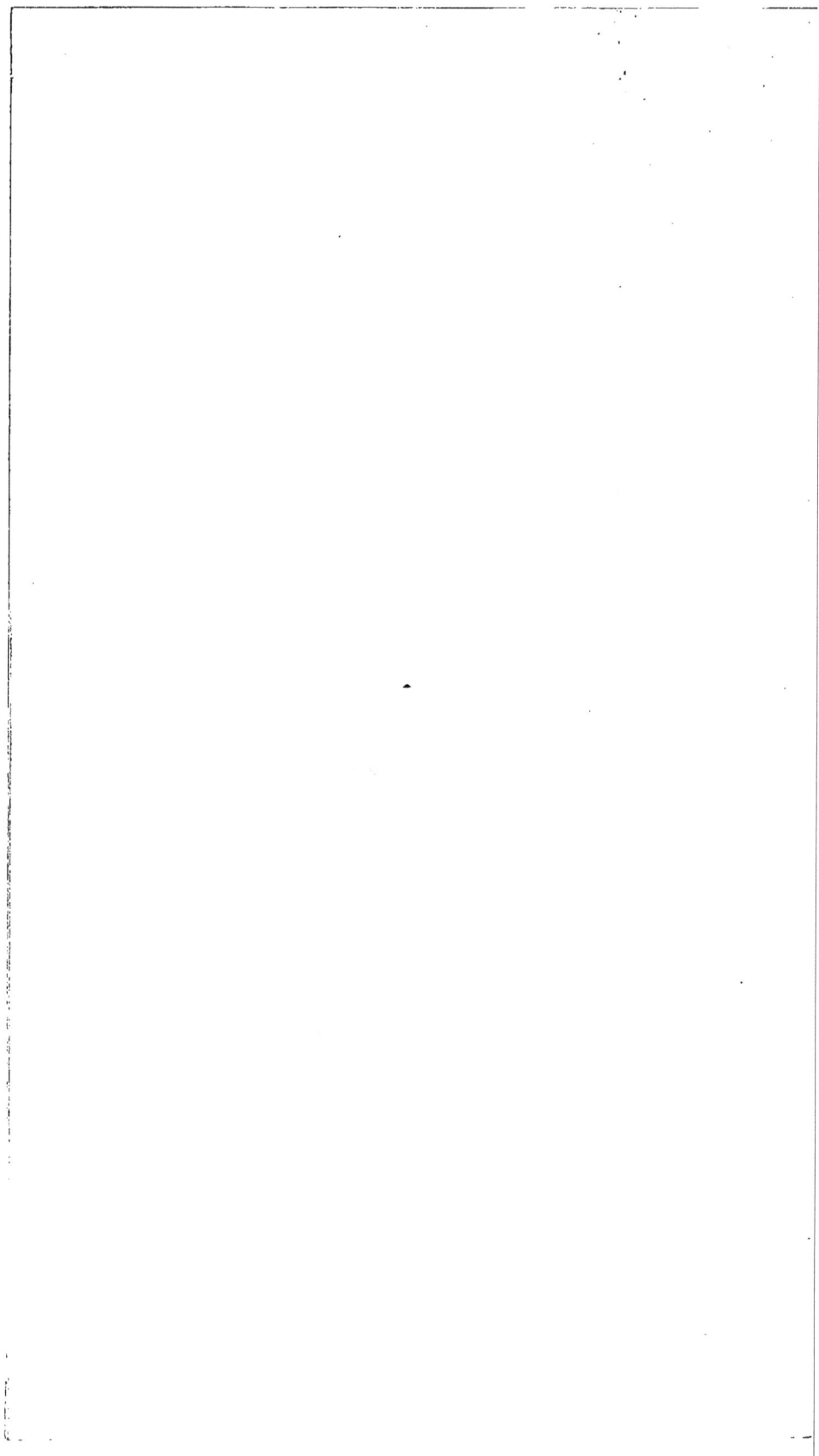

QUELLE EST L'ORIGINE

DE LA RÉSERVE LÉGALE EN MATIÈRE DE SUCCESSION, ET QUELLES SONT LES CONSÉQUENCES QU'ON PEUT EN DÉDUIRE POUR L'INTERPRÉTATION DES DISPOSITIONS DU CODE CIVIL QUI Y SONT RELATIVES?

> En pays coutumier institution d'héritier
> n'a point lieu.   (LOISEL.)
> Non habet legitimam, nisi qui est heres.
>   (DUMOULIN.)

CHAPITRE Ier.

Introduction.

Quelque absolu que soit le droit de propriété, quelque grande que soit la liberté d'un individu de disposer de ce qui lui appartient, cependant l'homme vivant en société, vivant dans la famille au sein de laquelle il est né, est naturellement assujetti à certaines obligations, à certains devoirs résultant nécessairement des circonstances au milieu desquelles il existe et se développe. Ainsi, il n'a jamais été douteux, chez aucun peuple du monde, que l'homme ne soit tenu de consacrer une partie au moins de sa fortune, des fruits de son travail, à l'entretien et à l'éducation des êtres auxquels il a donné le jour ; ainsi on n'a jamais révoqué en doute qu'il ne doive assister sa femme, soutenir dans leurs vieux jours ses parents qui ne pourraient plus pourvoir par eux-mêmes à leur subsistance. Ce sont là de ces prescriptions impératives du droit naturel, dont on peut dire, avec Cicéron, que ce sont *non scriptæ, sed natæ leges :* on pourrait presque ajouter que c'est un *jus quod natura humano generi et omnibus animalibus docuit.* (JUSTINIAN. *Institut.* tit. de *jur. natur.)*

Comme une conséquence, comme un corollaire de ces obligations, la loi naturelle ordonne également à l'homme de laisser, après sa mort, dans la famille qu'il a créée, dont il doit être l'appui constant, le patrimoine qu'il a acquis par son industrie. Cette dernière obligation a obtenu la sanction de presque toutes les nations, des peuples civilisés comme des peuples barbares. Aux yeux de la loi sociale, en effet, les raisons les plus puissantes viennent la justifier. Il importe essentiellement, dans l'intérêt de la constitution et de la consolidation d'une société, dans l'intérêt de l'ordre et de la tranquillité qui doit y régner, il importe essentiellement qu'il n'y ait pas d'incertitude dans la transmission des biens, que les familles puissent continuer leur existence au milieu de la société, et que le sort des enfants soit assuré avant tout sur la fortune de leurs parents.

Ce droit, cependant, a dû subir plusieurs vicissitudes, diverses modifications dans l'histoire de la civilisation, selon que, dans un état, la vie de famille a été plus respectée, plus considérée, ou selon, au contraire, que la liberté individuelle, le droit de propriété y ont été poussés à des conséquences plus abstraites, plus rigoureuses.

On conçoit, en effet, que plus chez un peuple les liens de la famille sont puissants, fortement resserrés, plus les membres d'une même famille y sont unis entr'eux par des sentiments d'affection réciproque; plus aussi la loi civile y impose de limites au droit absolu de disposer de la propriété au préjudice de la famille. Au contraire, moins chez un peuple les liens de la famille sont resserrés, plus ils sont relâchés, moins l'affection, l'amitié et le dévouement réciproques y dominent; plus y est grande la liberté de disposer de la propriété au préjudice de la famille. L'histoire de la matière qui nous occupe n'est autre que l'histoire de la lutte, du conflit perpétuel entre les deux principes contraires que nous venons d'indiquer, c'est-à-dire, entre le principe du droit de la famille et le principe de la liberté individuelle.

Toute société est composée d'une agrégation de familles; elle n'est qu'une association de familles plutôt qu'une association d'individus. Cela est vrai. surtout, cette association de familles est plus intime surtout à l'origine des sociétés. Les familles alors étant encore peu nombreuses, sont tout dans un état; c'est par elles que cet état subsiste, ce sont elles qui le soutiennent. L'individu isolé, considéré d'une manière abstraite, y est peu par lui-même. Aussi la liberté individuelle doit se sacrifier aux intérêts, aux exigences de la famille. La famille éprouve le plus grand besoin d'être unie; le père doit pouvoir compter sur l'obéissance, sur le dévouement et sur la confiance de ses enfants, de même que les enfants ne doivent pas être dans le cas de désespérer des sentiments d'affection et de protection de leur père. Ces sentiments mutuels tendent à resserrer la famille, à l'unir plus intimement. Dans les constitutions théocratiques, qui sont la première forme gouvernementale dans l'ordre du déve-

loppement humain, et où la vie patriarcale ou
de famille occupe le principal rang, la liberté
individuelle est extrêmement limitée dans l'intérêt de la famille. Ce n'est que plus tard et
successivement, et à mesure que les sociétés
grandissant, s'affermissant, parviennent à pouvoir se passer de la nécessité de l'agrégation
intime des familles, que l'homme peut s'é-
manciper, que sa liberté individuelle peut
s'exercer dans une sphère plus étendue, et
même être poussée à des conséquences radicales, sans compromettre la sûreté de l'état.

Les dispositions à titre gratuit, au préjudice
de la famille, ont donc été peu fréquentes dans
les premiers temps; le droit de tester ou de
disposer, pour une époque où l'on ne sera plus,
est d'origine tout-à-fait postérieure; et la transmission des successions suivait d'abord, et
pendant des siècles, l'ordre invariablement
tracé par la nature.

Chez les premiers peuples du monde, dont
les institutions soient connues, chez les peuples
orientaux, l'existence en commun, la vie patriarcale et de famille l'emporte; personne n'acquiert rien pour lui-même; chacun acquiert
pour sa famille : le père travaille pour ses
enfants; les fils travaillent pour le père; tout

est mis en une communauté à laquelle chaque membre de la famille a des droits de propriété, et dont le chef est plutôt l'unique administrateur que l'unique maître. Chez les Indiens, cette communauté de la famille ne se dissout même pas après la mort du père; elle continue encore tant que vit la mère; et même après la mort de la mère, ce n'est qu'autant que tous les enfants, tous les membres de la famille y consentent, qu'il peut être procédé à un partage entr'eux : sinon, la communauté continue sous l'administration du fils aîné (Menou III, 104, 105; *Code of gentoo laws*, p. 86 et 87).

Les dispositions à titre universel sont inconnues chez les Indiens. Ce que l'on concède tout au plus à la liberté de disposer ainsi, et plutôt comme un hommage rendu à l'autorité paternelle que comme un droit absolu de disposition à titre gratuit, c'est la faculté du père de famille de distribuer de son vivant ses biens entre ses enfants; mais même dans cette opération, dans ce partage, la justice et la plus stricte égalité doivent être observées.

Dans les institutions de ce peuple, on remarque déjà la distinction entre les biens héréditaires et les biens acquêts, sur laquelle nous aurons occasion d'insister plus tard, et que nous verrons, admise chez beaucoup d'autres peuples, exercer une immense influence sur l'origine de la réserve proprement dite. Les biens héréditaires sont les biens provenant de succession; les biens acquêts sont les fruits de ces biens et les biens dus au travail et à l'industrie. Il est absolument interdit au père de famille d'aliéner ses biens propres ou héréditaires sans le consentement de ses enfants *(Code of gentoo laws*, p. 83); il lui est absolument défendu de les partager entr'eux, tant que lui reste l'espoir d'avoir encore des enfants *(Code of gentoo laws*, p. 82); et, dans ce partage, il ne peut, sous aucun prétexte, violer les règles de l'égalité la plus rigoureuse. Quant à ses biens acquêts, il est autorisé, dans certains cas, à les partager inégalement entre ses enfants; mais il ne le peut qu'autant qu'il a des motifs légitimes; par exemple, si un de ses enfants lui avait été plus soumis, plus docile, si cet enfant avait une plus grande famille que les autres, s'il était incapable de pourvoir à son entretien *(Code of gentoo laws,* p. 83, 84 et 85; GANS, *Geschichte des Erbrechts,* t. 1er).

Les Chinois n'admettent pas non plus la liberté de disposer de ses biens, à un titre universel. Le père de famille seulement est autorisé à procéder de son vivant à un partage de ses biens entre ses enfants; et c'est là un usage qui est commun à la plupart des peuples orientaux, et qui est principalement fondé sur la puissance paternelle du chef de la famille. Mais même, dans ce partage, il lui est défendu, sous des peines sévères, de s'écarter des règles d'égalité prescrites par la loi pour les successions ordinaires; encore moins est-il permis d'exclure l'un ou l'autre des enfants *(Ta tsing Leu Lee* p. 48, 184 et 185; GANS, *op. cit.* t. 1er).

Le testament est également inconnu dans le droit mosaïque (GANS, *op. cit.)*; le partage seul par le père de famille de ses biens entre ses enfans est autorisé (DEUTERON. XXI, 16; HIOB LXII, 14). Nous voyons reparaître, dans les institutions des Israélites, l'importante distinction déjà signalée entre le patrimoine transmis par l'hérédité et les biens acquis. Quand Jacob fait le partage de sa fortune entre ses enfants, il s'excuse auprès d'eux sur l'avantage dont il gratifie Joseph, en leur rappelant les bienfaits dont ce fils tendre l'avait comblé, et en leur disant que les biens dont il les prive en sa faveur *ne proviennent pas de ses ancêtres, mais du fruit de ses travaux* (GENÈSE LXVIII).

Dans le droit talmudique, qui n'est que le développement du droit mosaïque, point de testament (C. Maimonides, Hilchoth Nachnloth cap. 6, § 182 : Mischna Buba Buthra, cap. 8, § 5). La liberté de disposer, à cause de mort, n'est accordée que par tolérance à une personne gravement malade, et la cessation de la maladie fait perdre à un semblable acte tous ses effets (Gans, *op. cit.*).

Dans la loi du Coran chez les Musulmans, il y a cela de particulier, qu'il n'y a pas d'ordre régulier de succession, que les affections de la famille ne sont pas envisagées comme un sentiment abstrait, se reportant successivement sur chaque classe d'héritiers, mais comme un sentiment concret embrassant à la fois les descendants, les ascendants et les frères et sœurs. Toutes ces personnes viennent à l'hérédité concurremment, et aucune d'entr'elles ne peut en être exclue au profit des autres (Alcoran Suru II, 181 à 183 ; *ibid.* IV, 6, 10 à 12, 174 et 175 ; Gans, *op. cit.*)

C'est un besoin pour l'homme d'avoir une famille ; c'est un besoin pour lui d'avoir des héritiers qui le représenteront et le perpétueront après sa mort. Aussi, dans presque tous les états, l'institution de l'adoption est d'origine antérieure à l'institution des testaments et des actes à cause de mort. Chez les Grecs, l'institution d'héritier n'était qu'une adoption, permise seulement à celui qui n'avait pas de γνησιοι, c'est-à-dire d'héritiers du sang mâles ; et même, dans ce cas, les filles, s'il y en avait, devaient, à peine de nullité, recevoir leurs parts héréditaires dans l'acte. Il n'y avait donc pas de succession testamentaire proprement dite ; l'adoption seule pouvait suppléer à l'hérédité ab intestat (DÉMOSTHÈNES, 2ᵉ discours contre Stephan, IV ; id. contre Leocharis ; ISÆUS *super Pyrrhi hered.* ; GANS, *op. cit.*)

Jusqu'ici il ne peut donc guère être question de réserve, ni de légitime, c'est-à-dire, d'une part affectée spécialement aux héritiers ab intestat ; car les dispositions à cause de mort hors de la famille, les testaments, les institutions d'héritiers, sont en général inconnus ou prohibés ; les biens héréditaires sont frappés d'inaliénabilité au profit des successeurs présomptifs. Le patrimoine dans les familles, l'ordre de succession tracé par la nature ou par les lois particulières de chaque peuple est invariablement suivi. La fortune patrimoniale se trouve donc garantie aux héritiers du sang contre la liberté du chef de la famille d'en disposer d'une

manière absolue. Le conflit n'a pu encore s'élever entre le principe de la famille et celui de
la liberté individuelle; ce dernier principe
n'essaie pas encore de se soustraire à l'empire
du premier qui le domine.

Le peuple romain est, dans l'histoire, la
première nation qui ait enfreint et même brisé
le principe des exigences de la famille, qui
ait poussé le principe du droit de disposer de
sa propriété jusqu'à ses dernières limites, jusqu'à ses conséquences les plus abstraites, les
plus radicales. Le citoyen, l'homme libre, le
père de famille, a le droit le plus absolu de
disposer de sa chose, de son bien, de son
patrimoine; et ce pouvoir s'étend même sur
la famille, sur les êtres, sur les personnes
qui la composent, qui sont aussi sa chose, qui
font aussi partie de sa fortune. Il n'est plus
seulement le chef de la famille, chargé de
veiller à ses besoins, à sa conservation, à son
entretien, à sa prospérité; mais il en est le
maître absolu; il a sur elle un droit de propriété; il a droit de vie et de mort sur ses
enfants; il peut les vendre comme esclaves;
tout ce qu'ils acquièrent par leur travail, tout
ce qui leur est donné, lui appartient. A plus
forte raison peut-il donc disposer de ses biens

au préjudice et sans égard à sa famille ou à ses enfants, puisqu'il a même le pouvoir de disposer de la personne et des biens de ceux-ci.

Les rigueurs de ce droit ont été successivement adoucies.

Ce n'est pas non plus de prime-saut, mais successivement et en passant par diverses phases, que, chez les Romains, la liberté individuelle et le droit de propriété sont parvenues à atteindre un degré aussi absolu. A leur origine, les Romains avaient des institutions encore toutes théocratiques et aristocratiques. D'un autre côté, il est impossible de considérer le *testamentum calatis comitiis* comme un véritable testament; cet acte ne pouvait être fait que devant le peuple assemblé, et à deux époques de l'année seulement; cet acte solennel, qui avait tous les caractères d'une véritable loi, ne pouvait être permis qu'à certaines personnes et sous de certaines conditions : c'était plutôt un acte d'adoption (Voy. les intéressants développements auxquels s'est livré, à ce sujet, Gans, *Geschichte des Erbrechts*, t. II, p. 40 et suiv.; voy. également Giraud, Introduction aux éléments de droit romain, t. Ier). Même dans les testaments *in procinctû*, qui n'ont été autorisés que postérieurement, le lien du sang

n'avait pas encore perdu sa grande influence ;
et le droit illimité du père de famille devait
encore subir l'exercice de cette influence :
l'héritier institué devait être nécessairement
un héritier présomptif. Ce testament d'ailleurs
ne produisait plus d'effet, dès que le disposant
avait été soustrait aux périls de la guerre.

La longue lutte qui s'était engagée entre les
patriciens et les plébéiens, lutte dans laquelle
les plébéiens gagnèrent de plus en plus du
terrain, renfermait aussi en elle le conflit des
deux principes contraires, du principe de la
liberté individuelle contre les exigences du
droit de la famille; et la victoire qui finit par
demeurer aux plébéiens donna naissance à ce
système tout nouveau de la loi des Douze-
Tables : *Paterfamilias uti legasset super familiâ
pecuniâve suæ rei, itâ jus esto.* — *Dicat testator,
et erit lex.* De là seulement date la liberté illimitée chez les Romains de disposer à titre
gratuit d'une manière universelle. C'est une
conquête de l'élément plébéien sur l'élément
patricien, de la famille démocratique sur la
famille aristocratique.

CHAPITRE II.

De la légitime du Droit romain.

Le droit de tester, l'institution d'héritier est une fraction du pouvoir législatif; c'est la conséquence la plus rigoureuse, la plus éloignée du droit le plus absolu de disposer de sa propriété; c'est une loi établie par le père de famille sur sa chose, loi par laquelle il intervertit le cours naturel des successions, loi par laquelle il détermine lui-même l'ordre de la transmission de ses biens après sa mort. Ces biens, le citoyen romain peut les transmettre à qui il veut et comme il veut; rien n'enchaîne à cet égard, rien ne contrarie sa volonté, et même son caprice, absolument rien ; il est le maître absolu de sa chose, le despote de sa famille. D'un autre côté, chaque citoyen doit avoir un héritier ; cet héritier, il faut qu'il le désigne ; il lui appartient à lui seul, de le nommer, de le créer, de le faire : ce n'est qu'autant qu'il n'a pas fait usage de ce droit, je dirai presque de cette obligation d'instituer un héritier, que les personnes désignées par la loi viennent à la succession. La loi ne peut que suppléer à la volonté du citoyen romain; la loi teste à sa place.

La première réaction qui eut lieu contre cette liberté illimitée de disposer, contre ce système absolu, c'est la nécessité de l'exhérédation de certains héritiers du sang appelés par la loi. Encore fallut-il, à cet effet, avoir recours à une fiction, à des détours; on supposa que ce n'était pas volontairement que le testateur n'avait pas institué ses propres enfants en puissance; on admit que ce ne pouvait être que par oubli. Quelque radicales que soient les idées sur le droit de propriété, elles ne sauraient aller jusqu'à anéantir cet autre principe de droit naturel, même observé chez les peuples barbares, d'une communauté de biens entre le père et ses enfants. Aussi, même chez les Romains, les fils de famille sont-ils appelés *sui heredes*, c'est-à-dire, héritiers domestiques de l'ascendant qui les avait en sa puissance (§ 2 Instit. de *hered. qualitat.*; L. 12, D. *de liber et posthum.*).

Cependant le père de famille n'est pas obligé d'instituer les enfants qu'il a sous sa puissance; mais en reconnaissant le droit qu'il a de transférer l'hérédité même à des tiers, les prudents pensèrent qu'il fallait pour cela retirer expressément cette même hérédité à ceux qui y ont déjà des droits de copropriété; qu'il fallait rompre formellement les liens de communauté qui attachent le testateur à ses enfants. De là vient, pour quiconque a un fils en sa puissance, l'obligation alternative de l'instituer ou de le déshériter d'une manière expresse, à peine de nullité (*princ.* Instit. *de exhered. liberor.*).

Cette obligation d'exhérédation, qui n'était imposée d'abord qu'aux pères de famille relativement à leurs enfants en puissance, c'est-à-dire, aux héritiers siens, le Préteur l'étendit même aux autres enfants déjà sortis de la famille. Toutefois, ce n'était là qu'une simple formalité à laquelle il était facile de se conformer, et à laquelle ni la mère ni les ascendants maternels n'étaient jamais tenus.

Ce premier pas fait ne suffit donc pas; et on reconnut plus tard que, pour préférer des étrangers à ses propres enfants, il fallait avoir de fortes raisons, et que les enfants pouvaient se plaindre d'avoir été injustement exhérédés par leurs ascendants. On leur donna pour cet effet la plainte ou l'action de testament inofficieux. Le testament inofficieux est un acte contre lequel ne s'élève aucun reproche légal, mais qui est contraire à cette espèce de devoir que l'affection, le sang, l'amitié, la reconnaissance, imposent réciproquement à certaines personnes. Pour introduire cette action, les jurisconsultes furent obligés de la colorer d'un prétexte; on supposa qu'une exhérédation injuste ne pouvait pas provenir d'un esprit sain, et sous prétexte de démence, on permit de casser un testament qui aurait été nul dès l'origine (*princ.* Instit. *de testam. inoffic.*; L. 2 et 5, D, *hoc tit*; PAUL 4, sent. 5, fragm. 1).

Elle se donnait aux personnes qui avaient sur la succession testamentaire un titre injustement méconnu. Elle appartenait d'abord à tous les descendants nés ou seulement conçus à l'époque de la mort, légitimes, naturels ou adoptifs; et à défaut d'enfants, aux ascendants; et après eux, la plainte ne s'étendait pas au-delà des frères et sœurs; parmi ces derniers on n'admettait que les consanguins, les agnats seulement : encore ne pouvaient-ils exercer la plainte que contre l'institué dont le choix n'aurait pas été honorable, *turpem personam* (L. 27. Cod. *de inof. test.*).

La plainte étant fondée sur un motif injurieux pour la mémoire du testateur, c'était une voix de recours extraordinaire qu'on ne pouvait exercer qu'à défaut de tout autre moyen de parvenir à l'hérédité. Ainsi l'impubère adrogé, et ensuite déshérité, ne pouvait attaquer le testament, puisqu'il avait précisément pour ce cas la *quarte antonine* (L. 8, § 15 , D , *hoc tit.*). Ainsi encore un fils de famille, omis dans le testament, pouvait en demander la nullité, et s'il était sorti de la famille, la possession *contra tabulas*; la plainte d'inofficiosité ne pouvait donc lui être accordée qu'en cas d'exhérédation expresse (L. 23 , D, *hoc tit.*). Mais elle était toujours admise contre le testament maternel, parce que l'obligation d'exhéréder n'était pas imposée à la mère (§ *ult.* Instit. *de exhered.* L. 15. Cod. *de inof. test.*). On ne la donne d'ailleurs qu'aux personnes qui se plaignent d'avoir été injustement exhérédées, et cette injustice doit être prouvée par elles contre l'héritier testamentaire qui est en possession.

Cependant il ne suffisait pas d'avoir été institué pour une part quelconque, quelque petite qu'elle fût, pour n'avoir pas droit de se plaindre. Avant Justinien, l'héritier institué pouvait attaquer, comme inofficieuses, les dispositions qui lui auraient laissé moins qu'une certaine portion de biens; mais, d'un autre côté, cette portion de biens, laissée même à tout autre titre que celui d'héritier, suffisait pour exclure de la plainte les personnes déshéritées ou omises L. 8 , § 6 ; L. 25, D. *de inof. test.*). Cette portion déterminée, suffisante pour exclure de la plainte d'inofficiosité, était du quart de ce que chaque personne aurait eu ab intestat (§ 6, Instit. *de inof. test.*; L. 8, § 8, D. *hoc tit.*). Ce quart devait être laissé intégralement; ou bien, il devait être ordonné expressément dans le testament que le complément serait fourni par l'héritier institué; dans ce dernier cas, l'héritier ab intestat n'avait qu'une action en supplément : sinon, il avait la plainte d'inofficiosité, tendant à la rescision totale (L. 4 Cod. Theodos. , *de inoff. test.*). Mais, d'après l'empereur Justinien, la plus petite part, laissée à quelque titre que ce soit, suffit pour exclure la plainte; et, dans tous ces cas, l'héritier légitime n'a qu'une action en supplément, lors même que le testateur ne l'aurait pas expressément ordonné (L. 30, Cod. *de inoff. test.*). Telle est la LÉGITIME, la *quarta legitimœ partis*, une fraction de ce que les enfants, les ascendants, les frères et sœurs auraient eu ab intestat. Elle donne une action personnelle seulement, transmissible et perpétuelle, qui, loin d'être une action en pétition d'hérédité, est plutôt fondée sur la volonté présumée du défunt d'assurer l'exécution du testament après sa mort; à la différence de la plainte d'inofficiosité, qui est une véritable pétition d'hérédité, qui tend au renversement du testament, et qui, sous prétexte d'injure, ne se donne que pendant cinq ans à la personne lésée seulement.

La fixation d'une légitime divise, pour ainsi dire, les biens d'un testateur en deux parts, dont l'une, entièrement disponible entre ses mains, peut être considérée comme l'hérédité même, et léguée à qui bon lui semble, et l'autre, destinée à certaines personnes, ne peut être laissée qu'à elles, et retombe, faute d'avoir été recueillie par elles, dans l'hérédité même ou dans le patrimoine disponible. Les donations entre-vifs, faites aux légitimaires, s'imputent, sauf dispositions expresses contraires, sur la part qui leur revient à titre de légitime : telles sont, par exemple, les dots et les donations nuptiales, les charges du légitimaire achetées avec les deniers fournis par le défunt (L. ult. D. *de suis et legit.* ; L. 3, Cod. *de collat.* ; L. 29, Cod. *de inof. test.*).

La Novelle 18, chap. 1er, a augmenté la légitime en faveur des enfants, et l'a fixée, lorsqu'ils seraient plus de quatre, à la moitié de la succession, et au tiers dans le cas contraire. La Novelle 115, chap. 3 et 4, a prescrit, relativement aux enfants et aux autres descendants, la nécessité de l'institution d'héritier; cependant, quelque petite que fût la portion laissée à ce titre, ils ne devaient avoir qu'une action en supplément. Les causes d'ingratitude furent fixées et déterminées, et elles devaient être exprimées et justifiées par le testateur, pour que l'action en légitime pût être repoussée. D'un autre côté, le testament ne put jamais être rescindé que quant à l'institution d'héritier; les autres dispositions du testament restaient valables. Les Novelles n'introduisirent aucune modification dans la législation antérieure, en ce qui concernait la légitime compétant aux ascendants et aux frères et sœurs.

La légitime du droit romain fut admise successivement et avec quelques changements, ainsi que nous le verrons, dans la législation de la plupart des peuples de l'Europe. Mais ce furent plutôt les principes régissant la légitime antérieurement aux Novelles; le droit des Novelles ne parvint à exercer de l'influence qu'après l'époque de la renaissance du droit romain.

CHAPITRE III.

De la réserve du droit germanique ou coutumier.

Ni les testaments, ni les institutions d'héritier, ni les dispositions à titre universel, n'étaient connus des peuples germaniques, qui vinrent s'établir sur les débris de l'empire romain. L'esprit de famille que le principe de la liberté individuelle était parvenu à désorganiser, à dissoudre même à Rome, existait chez ces peuples dans toute sa vigueur, dans toute son énergie. Les biens demeuraient dans la famille, qui formait une communauté fortement constituée et fondée sur l'affection et le dévouement réciproques. Tous les membres d'une même famille étaient enchaînés entr'eux par les liens d'une puissante solidarité; la famille s'y présentait sous la forme de la défense en commun. *Suscipere tam inimicitias seu patris seu propinqui, quam amicitias, necesse est : nec implacabile durant.* (TAC. *de mor. Germanor.*, cap. 25.) L'égalité régnait dans les familles, l'égalité, le meilleur moyen d'y maintenir la bonne harmonie. Aussi la volonté individuelle du chef de famille ne pouvait interrompre la transmission régulière des biens, ne pouvait rompre l'unité de la famille. *Heredes successoresque sui cuique liberi : et nullum testamentum. Si liberi non sunt, proximus gradus in possessione fratres, patrui, avunculi* (TACIT. *de mor. Germanor.*, cap. 20). Telle était la loi invariable de succession chez les anciens Germains.

La législation romaine, quoique coexistant d'abord avec les institutions germaniques, ne parvint jamais à dominer, à absorber ces dernières, comme elle avait fait plusieurs siècles auparavant des institutions druidiques, lors de la conquête des Gaules. Cependant les institutions romaines se conservèrent en grande partie dans le midi de la France, dans les provinces appelées *de droit écrit*, tandis que dans le nord, dans les *pays coutumiers*, les institutions germaniques subsistèrent dans leur pureté primitive ; elles résistèrent longtemps et plus que partout ailleurs, plus même qu'en Allemagne, à la grande action qu'exercèrent plus tard les jurisconsultes et le clergé pour la propagation du droit romain.

Malgré l'influence inévitable que le mélange des peuples conquérants avec les peuples conquis put exercer d'abord sur leurs institutions respectives, les Francs-Saliens, non plus que les Francs-Ripuariens, ni la plupart des autres tribus germaniques, n'avaient admis le testament; et si l'on voit des traces de cette institution dans le code des Bourguignons, ce n'est qu'une copie pâle, imparfaite, dénaturée, mal comprise, mal ébauchée du droit testamentaire chez les Romains *(Lex Burgund.* tit. 60; GANS, *Geschichte des Erbrechts*, t. IV). De toutes les nations qui, à cette époque, avaient franchi le Rhin ou les Alpes, les Visigoths seuls, qui étaient parvenus à un degré de civilisation plus avancé, chez lesquels la rudesse et l'originalité du caractère germanique s'étaient déjà altérées, adoptèrent avec des modifications la succession testamentaire des Romains, concurremment avec la succession ab intestat, et par conséquent aussi les principes de la légitime, dont le montant chez eux fut fixé aux deux tiers, si le testateur voulait avantager un de ses enfants au préjudice des autres, et aux quatre cinquièmes, s'il voulait avantager une autre personne (GANS, *op. cit.*, t. III et IV).

En général, chez les Germains, la liberté individuelle n'a pas encore tenté de s'affranchir des liens de la famille et du sang; l'homme n'a pas encore la prétention de porter ses regards au-delà de sa mort, et de vouloir disposer de sa fortune pour un temps où il ne sera plus. Ces peuples comprennent que l'union dans les familles fait la force des états; et tout ce qui pourrait tendre à rompre cette union, cette solidarité de la famille, est par eux soigneusement évité. L'*afatomia* ou *adframia*, institution particulière à la nation franque *(lex salica*, tit. 49), ou la tradition solennelle de la succession, n'est pas un testament; on chercherait à tort à la comparer à l'institution d'héritiers des Romains; ce n'est qu'une aliénation très-rare, et tout à fait exceptionnelle de la succession. C'est ce que prouvent assez les formes nombreuses et solennelles auxquelles elle est assujétie (GANS, *op. cit.*, t. IV, p. 60).

Le droit germanique ne reconnaît pour véritable héritier que le parent légitime uni par le sang, que celui qui fait partie de la famille. Il n'y a pas d'autre héritier. Le patrimoine reste dans la famille et ne peut plus en sortir : *Das Gut stirbt auf dem Heerd* (MITTERMAYER, *Grundsœtze des deutschen Privatrechts*, t. 2). Toutes les dispositions que le défunt pourrait se permettre sur ses biens ne sont considérées que comme des dispositions particulières. Il en était encore ainsi dans les temps postérieurs, après l'époque de la renaissance du droit romain, quand, avec les maximes romaines, le droit de succession testamentaire était parvenu à pénétrer, à s'infiltrer dans les institutions des pays coutumiers; les testaments n'y produisirent jamais que les effets de simples codicilles; la règle : *En pays coutumier, institution d'héritier n'a point lieu* (LOISEL, *Inst. cout.)* ne cessa de prévaloir; et l'hérédité passa toujours au parent légitime le plus proche.

Le parent légitime le plus proche seul aussi a la saisine; c'est de lui seul qu'il peut être dit : *Le mort saisit le vif;* maxime essentiellement contraire aux principes romains, qui réputaient le défunt encore vivant jusqu'au moment de l'adition d'hérédité, qui subordonnaient la transmission de la succession à l'adition. Le parent légitime le plus proche seul représente le défunt dès son décès, et même malgré lui : *personam defuncti sustinet;* lui seul peut entrer dans tous les droits et toutes les obligations du défunt. C'est là une conséquence naturelle, immédiate de ce principe du *condominium*, de la copropriété de la famille, en vertu duquel tous les membres d'une même famille ont un droit de propriété commune sur tous les biens possédés par leur auteur. Propriétaire déjà du vivant de son auteur, l'héritier ne fait qu'entrer en possession après la mort de celui-ci; et cette mise

en possession s'opère de plein droit, d'une
manière tacite. Il n'est donc nul besoin d'a-
dition; car il n'y a pas de transmission de propriété. Toute personne n'a donc sur son propre
patrimoine qu'un droit d'administration et de
jouissance; c'est, pour ainsi dire, un droit de
bail ou de garde seulement; entre ses mains
ce patrimoine est grevé en quelque sorte au
profit de ses héritiers présomptifs, d'une substitution à l'infini au profit de sa ligne. On ne
peut en disposer au préjudice de sa ligne, au
préjudice de ses héritiers présomptifs.

Voilà les principes germaniques. Ces principes ne s'appliquent toutefois, dans toute leur
rigueur qu'à l'héritage proprement dit, qu'aux
biens propres, c'est-à-dire, aux choses déjà
transmises à titre héréditaire, par voie de succession. Les biens acquêts et le mobilier en
sont exceptés; sur cette classe de biens le droit
de propriété est absolu; néanmoins ils ne peuvent constituer une universalité héréditaire;
toutes les dispositions qui en sont faites, ne
sont que des dispositions particulières.

Il est essentiel de rappeler ici l'importante
distinction entre les biens propres ou patri-
moniaux et les biens acquêts, c'est-à-dire, fruits
des propres et biens acquis par le travail et

l'industrie que nous avons déjà eu occasion de signaler dans les institutions de quelques anciens peuples orientaux, notamment dans le Droit indien et dans le Droit mosaïque. Cette distinction est la clé de l'histoire du droit de succession chez les Germains; elle nous sert à résoudre la question de l'origine de la réserve proprement dite. La distinction dont nous parlons se manifeste déjà d'une manière très-tranchée chez les anciennes tribus germaniques.

Dans le code des Bourguignons, on distinguait la *sors*, ou la terre, le lot attribué par droit de conquête au Bourguignon, des biens dont il avait la propriété exclusive et la libre disposition. La *sors* était la part de biens que l'habitant du pays conquis était tenu de lui céder, de lui abandonner. Le Bourguignon ne pouvait nullement disposer de la *sors*, elle demeurait frappée d'inaliénabilité, elle devait rester dans sa famille, elle devait être transmise à ses descendants. C'était l'hérédité proprement dite. Quant aux fruits de la *sors*, quant aux biens que le Bourguignon acquérait dans la suite par son travail, par son industrie, il en avait la libre disposition. *(Lex Burgund.*; GANS, *op. cit.* IV; SAVIGNY, *Geschichte des rœmischen Rechts im Mittelalter*, t. Ier).

La loi salique aussi distingue la *terra salica* de la terre allodiale considérée dans un sens restreint. La *terra salica* est la terre primitive, née du droit de conquête, dont il est interdit au Franc-Salien de disposer, qu'il lui est absolument défendu d'aliéner ; c'est l'hérédité qui doit rester dans la famille, et ne peut être transmise que de mâle en mâle. Le surplus de la terre allodiale, qui n'est pas *terra salica*, c'est-à-dire, les biens acquêts et le mobilier, sont abandonnés à la faculté de disposition du propriétaire. *(Lex salica*, tit. 62 et 63; GANS, *op. cit.)*

Cette distinction se retrouve encore chez les Francs-Ripuariens, excepté que les Francs-Ripuariens appellent *terra aviatica* ce que les Francs-Saliens nomment *terra salica*, et les Bourguignons *sors*, et qu'ils admettent au partage de la *terra aviatica* les femmes que les Francs-Saliens excluent de la succession de la *terra salica*.

On ne reconnaît d'autre successeur à la *terra salica*, à la *sors*, à la *terra aviatica*, que l'héritier ordinaire, le parent légitime le plus proche. Il ne peut être privé de son droit par la volonté du défunt; il a seul le titre d'héritier, et tout le surplus du patrimoine du défunt dont il n'aurait pas été disposé par ce dernier, ainsi que tout ce qui n'aurait pas été accepté par les donataires et les légataires, lui appartient et fait partie de l'hérédité.

On ne tarda pas à assimiler à cette classe de biens toutes les choses qui avaient déjà passé d'une personne à l'autre par voie de succession ou à tout autre titre universel. De là les propres, le bien lignager, appelé *Erbe*, *Stammgut* en Allemagne.

Beaumanoir, sur la coutume de Beauvoisis (chap. 123, p. 120) distingue entre les *muebles* et l'*hiretage*, et appelle *muebles*...«*toutes choses qui des hiretages issent.*»

Cette distinction se maintient constamment en France, du moins dans les pays coutumiers; elle est même admise dans quelques provinces de droit écrit. C'est toujours le régime des propres et celui des acquêts et des meubles. Les biens propres demeurent dans la ligne dont ils proviennent, et ne peuvent en sortir; ils sont destinés à perpétuer la famille. Quand deux époux se marient, les propres ne peuvent entrer en communauté. Les propres provenant d'auteurs différents ne peuvent jamais se confondre, lorsqu'ils passent sur une seule tête; ils ne peuvent même jamais se mêler dans la personne des enfants. Quand un enfant a hérité de biens de son père et de biens de sa mère, ces deux espèces de biens ne se confondent pas sur sa tête pour former un patrimoine unique, une succession unique. Mais en vertu de la règle : *paterna paternis, materna maternis*, s'il venait à décéder sans enfants, les biens provenant du père retourneraient à la ligne du père, à ses héritiers du côté paternel, et les biens émanés de la mère profiteraient exclusivement aux héritiers du côté maternel, à la ligne de la mère. Les acquêts et les meubles, au contraire, sont susceptibles d'entrer en communauté, et peuvent être aliénés au gré du propriétaire.

Toute chose immobilière, même acquêt, toute universalité de meubles, du moment qu'elle a été transmise par voie de succession ou à cause de mort, devient un propre qui doit rester dans la ligne de la personne dont elle provient, et forme une hérédité distincte affectée à cette ligne. Ainsi, autant de personnes différentes, laissant par voie de succession universelle, des acquêts ou des meubles, autant de successions différentes, autant d'espèces de propres.

Les propres sont inaliénables d'une manière absolue. Cependant l'aliénation peut être faite avec le consentement actuel ou avec la ratification postérieure de tous les héritiers présomptifs; tout héritier peut attaquer et faire annuler une aliénation de propres qui aurait été faite par son auteur, et à laquelle il n'aurait pas donné son consentement actuel ou sa ratification. L'effet de ce consentement à une aliénation de propres est une conséquence du droit de *condominium*, du droit de propriété qu'a l'héritier du vivant déjà de son auteur sur les biens de sa succession.

De ce qu'il est permis aux héritiers présomptifs de consentir, du vivant de leur auteur, à l'aliénation des propres auxquels ils devaient succéder, on en vint à admettre qu'il doit leur être permis également de renoncer, avant l'ouverture de la succession, à la part des propres, ou, ce qui est la même chose, à la part d'hérédité qui devait leur revenir. De là le système des *exclusions coutumières*, en vertu desquelles un enfant renonçait d'avance à la succession de son père ou de sa mère, moyennant un avantage qui lui était fait par donation entre vifs et à titre singulier sur les biens dont son auteur avait la libre disposition; le système des exclusions coutumières ne tarda pas à devenir un instrument favorable à l'introduction et à l'augmentation du droit d'aînesse dans les coutumes. De là encore ce que l'on appelait *mariage avenant*, c'est-à-dire, l'usage admis dans certaines coutumes de faire renoncer d'avance une fille à la succession de son père en la dotant (GANS, *op. cit.*, t. IV, p. 181).

Les propres sont à l'abri des atteintes des créanciers, en ce sens que les créanciers ne peuvent poursuivre, sur cette classe de biens l'exécution des engagements de leur débiteur, qu'autant que les meubles d'abord, puis les acquêts, puis enfin cette portion de propres dont, ainsi que nous le verrons tout à l'heure, la disposition à titre gratuit a été accordée au propriétaire, ne suffiraient pas pour les couvrir du montant de leurs créances. L'héritier proprement dit, le successeur dans les propres n'est donc que très-subsidiairement tenu des dettes de son auteur ; le paiement de ces dettes doit être poursuivi d'abord sur les légataires des biens qui étaient disponibles : «*car male* «*chose serait*, dit Beaumanoir, *se li droit hoir* «*de chelui qui les legs faict, qui n'emporte que* «*les quatre parts de l'hiretage était encombré de* «*payer dettes et torts faits.*» (GANS, *op. cit.* IV.)

Le régime féodal dut singulièrement favoriser le développement du système des propres.

La distinction des propres et des acquêts étant tout à fait étrangère et inconnue au droit romain, on comprend facilement que la légitime, telle qu'elle était établie dans cette législation, ne put jamais, malgré l'introduction postérieure et la propagation des principes du droit romain comme raison écrite dans les pays coutumiers, exercer aucune influence sur les biens qui avaient nature de propres, tout aussi peu que le Droit romain lui-même n'y eut jamais aucune prise sur l'esprit du droit de succession. Les idées sur le *condominium* subsistèrent; les biens propres ne purent jamais être transmis par voie d'institution d'héritier; ils restèrent grevés d'inaliénabilité et d'une espèce de substitution à l'infini au profit de la famille; et les aliénations particulières n'en furent jamais permises qu'avec le consentement des héritiers présomptifs (MITTERMAYER, *op. cit.*) La seule dérogation que la jurisprudence put obtenir de la rigueur de ces principes, ce fut la permission, la faculté d'aliéner, à titre particulier, une petite partie des propres. La liberté de disposer, à titre gratuit, restreinte d'abord aux acquêts et aux meubles, fut étendue au cinquième des propres de l'*hiretage* (Décisions de Jean Desmares, 149, 237; BEAUMANOIR, p. 63). Saint-Louis étendit même, mais dans certains cas seulement, cette faculté de disposition au tiers des propres. (Établissements de St-Louis, chap. 62). Mais la règle la plus générale, la plus communément observée, était que quatre cinquièmes des propres devaient être soustraits à la liberté de disposer. Telle est la RÉSERVE COUTUMIÈRE ; c'est l'héritage garanti aux héritiers du sang contre le droit de disposition du propriétaire, la part d'héritage que le défunt est obligé de laisser sauve à sa famille. La réserve compète exclusivement aux héritiers légitimes ; les enfants naturels n'ont rien à y prétendre ; ils ne peuvent même recevoir la moindre portion du cinquième disponible des propres. (Décisions de JEAN DESMARES, 241.)

Il n'y a pas d'autre héritier que celui qui succède dans la réserve. Pour y avoir droit, il faut donc prendre la qualité d'héritier ; il faut n'avoir pas renoncé à la succession : *Non habet legitimam, nisi qui est heres*, dit DUMOULIN sur l'art. 123 de la Coutume de Paris.

Dans la plupart des coutumes, on admettait l'incompatibilité des qualités d'héritier et de légataire. Un héritier ne peut pas être en même temps légataire, et s'il veut conserver son legs, il est tenu de renoncer à l'hérédité. Cependant il pourrait en être autrement, si les biens hérités ou légués se trouvaient situés dans des coutumes différentes (GANS, *op.cit.*, t. IV, p. 198).

Du reste, les principes régissant les propres, les règles concernant leur inaliénabilité, la nécessité de leur transmission aux héritiers du sang les plus proches, la maxime : *Institution d'héritiers n'a point lieu*, continuèrent d'être appliqués, sous tous les rapports, à la réserve.

Les règles de la légitime du Droit romain, dans les provinces de droit écrit et dans les coutumes où elle fut successivement admise, ne furent jamais étendues aux biens propres, mais furent appliquées uniquement aux meubles et aux aquêts. Quant à ces derniers biens seulement, il pouvait être question de légitime d'après les principes du Droit romain.

Cependant, d'après plusieurs coutumes, lorsqu'il n'y avait pas de propres dans une succession, ou lorsqu'il n'y en avait pas assez pour former une réserve convenable aux héritiers légitimes, ou lorsque la fortune en meubles et acquêts était plus considérable que le patrimoine en propres, la réserve légale embrassait également les meubles et les acquêts, qui prenaient alors nature et caractère de propres, qui étaient subrogés aux propres. On n'y pouvait, par conséquent, disposer librement des meubles et des acquêts que dans la proportion des biens propres ; et il pouvait y avoir une succession légale dans les acquêts et les meubles exclusivement, semblable à celle s'appliquant aux propres. Les coutumes où ce système fut admis s'appelaient *Coutumes de subrogation*. Les principales d'entr'elles étaient celles de Touraine (art. 233, 238 et 325), Anjou (art. 321, 337 et 445), Maine (art. 332, 333, 334, 335, 339 et 340), Poitou (art. 203, 215, 216, 217 et 223), Saintonge (art. 84 à 88), Bretagne (art. 199, 201 et 203) et Bar. (art. 98). Voy. MERLIN, Répertoire, v° *Réserve coutumière*, § 1er, art. 4 ; GANS, *op. cit.* IV.

La distinction qui ne cessa d'exister entre la réserve légale du droit coutumier et la légitime du Droit romain, et qui présuppose la distinction entre les biens propres et les meubles et biens acquêts, est très-bien établie par le texte de la coutume de Paris. Les règles tracées par la coutume de Paris en cette matière étaient suivies dans la plupart des coutumes, et elles suppléaient aux dispositions de celles qui gardaient le silence ou qui ne renfermaient pas assez de développements.

L'art. 292 de la Coutume de Paris est ainsi

conçu : «Toutes personnes saines d'entende-
« ment, âgées et usant de leurs droits, peu-
« vent disposer par testament et ordonnance
« de dernière volonté, au profit de personnes
« capables, de tous leurs biens, meubles, ac-
« quêts et conquêts immeubles, et de la cin-
« quième partie de tous leurs propres héritages.»

L'art. 298 de la même coutume porte : «La
« légitime est la moitié de telle part et portion
« que chaque enfant eût eu en la succession
« des dits père et mère, ayeul ou ayeule ou
« autres ascendants, si les dits père et mère ou
« autres ascendants n'eussent disposé par do-
« nations entre-vifs ou dernière volonté.. Sur
« le tout déduit les dettes et frais funéraires.»

Ainsi qu'on le voit, la réserve légale était,
en général, des quatre cinquièmes des propres,
et la légitime n'était plus tout-à-fait la légitime
du Droit romain, en ce sens que, dans la Coutume de Paris et dans la plupart des autres
coutumes, elle était fixée d'une manière invariable et indépendante du nombre des enfants,
et qu'elle fut élevée à la moitié de ce que chaque héritier aurait eu, si le défunt n'avait pas
disposé.

Cependant, dans certaines coutumes, le montant de la réserve, de même que celui de la

légitime, était tantôt plus élevé, tantôt moins élevé que dans la coutume de Paris. Mais cette légère différence dans les coutumes où elle avait lieu, n'altérait nullement les caractères essentiels de la réserve, ni ceux de la légitime, dont les principes ne furent jamais confondus.

La réserve étant l'hérédité ordinaire restreinte à une portion des propres, et garantie contre les abus du droit de disposition du propriétaire, compète aux enfants et aux descendants à l'infini, et aux collatéraux jusqu'au degré où s'arrête la successibilité ordinaire; elle est dévolue dans le même ordre que la succession ordinaire. Les ascendants n'y ont aucun droit; car les ascendants ne succèdent pas dans les propres. *Les propres ne remontent pas*, dit LOISEL. Cette exclusion des ascendants avait déjà lieu dans l'origine du droit de succession chez les Germains. TACITE *(de morib. German.*, cap. 20), en expliquant l'ordre de succession de ces peuples, ne parle pas des ascendants, mais seulement des descendants et des collatéraux : « *Si* « *liberi non sunt, proximus gradus in possessione,* « *fratres, patrui, avunculi.* » Ainsi, la réserve, comme l'héritage tout entier, tombe d'abord en partage aux enfants légitimes, puis à leurs descendants; et, à défaut de postérité légitime, aux collatéraux, dans l'ordre de leur proximité de tronc et de lignage, et non pas de degré seulement; ainsi, aux frères et sœurs et à leur postérité, puis aux oncles et tantes et à leur postérité, et ainsi de suite, conformément au principe du vieux droit germanique : «*Je næher dem Sippe, je næher dem Erbe.*» (MITTERMAYER, *Grundsætze des deutschen Privatrechts*).

Mais, dans presque toutes les coutumes autres que les coutumes de subrogation, les ascendants peuvent succéder aux meubles et aux acquêts; ils y ont droit à une légitime. Dans plusieurs coutumes, ils ont, en outre, un droit de succession ou de *retour*, différent du droit de *réversion* tel qu'il avait lieu dans les pays de droit écrit. Ainsi, par exemple, si un aïeul a donné un immeuble à son petit-fils, le père y succédera certainement, si le petit-fils meurt sans enfants, et si l'aïeul est prédécédé (Coutume de Paris, art. 313).

Nonobstant la règle : *Les propres ne remontent pas*, la jurisprudence finit par accorder presque partout aux ascendants un droit d'usufruit sur la réserve, dans les cas où elle tombait en partage à des collatéraux (LAURIÈRE, notes sur les institutions coutumières de LOISEL).

CHAPITRE IV.

*Des principaux points de différence entre la réserve
et la légitime.*

En résumant tout ce qui précède, il est facile
de saisir les caractères les plus saillants qui
distinguent la réserve coutumière de la légitime d'après le droit romain.

La réserve est l'hérédité ordinaire, restreinte
à une certaine quotité de biens que la liberté
de disposition de l'homme ne peut atteindre.
La légitime n'est qu'une portion héréditaire,
une fraction de la succession qui doit être laissée à certains héritiers ab intestat, et qui peut
leur être laissée à quelque titre que ce soit.

Pour prétendre à la réserve, il faut avoir pris
la qualité d'héritier; il n'est pas nécessaire d'être
héritier pour avoir droit à la légitime.

Les règles de la réserve ne s'appliquent en
principe qu'aux biens propres; ce n'est qu'ex-
ceptionnellement qu'elles régissent également
les meubles et les acquêts. La légitime qui,
dans les pays où la distinction des biens propres et acquêts était admise, ne s'appliquait
qu'aux meubles et aux acquêts, peut être ap-
pliquée partout ailleurs à toutes espèces de
biens indistinctement.

Le montant de la réserve est fixe, invariable, déterminé d'avance, indépendant en général du nombre des héritiers, indépendant de toute acceptation ou renonciation de leur part; aucune circonstance ne saurait la modifier. Tout au contraire pour la légitime d'après le Droit romain; la légitime est entièrement relative, et très-souvent le chiffre de sa fraction dépend du nombre de certains héritiers ab intestat.

En matière de réserve, tout comme en matière de succession, la part des héritiers renonçants accroît à leurs cohéritiers ab intestat, ou, à leur défaut, aux héritiers du degré subséquent. La légitime, d'après le Droit romain, n'étant qu'une fraction de ce qu'on aurait eu ab intestat, rentre, faute d'avoir été réclamée par celui à qui elle compète, dans la masse de la succession testamentaire, et profite, non aux cohéritiers ab intestat ou aux colégitimaires, mais accroît exclusivement, comme un legs qui aurait été répudié, à l'héritier institué.

La réserve est un droit de propriété sur la chose : elle affecte l'hérédité même. La légitime n'est qu'un privilège conféré par la loi à certaines personnes, privilège dont l'exercice ne leur est accordé, d'après les principes du droit romain, qu'à condition de prouver qu'elles ont été injustement déshéritées, et aux héritiers en ligne collatérale, à la charge de prouver, en outre, que la personne instituée qui leur est préférée est une personne peu honorable.

La réserve est absolument incompatible avec toute institution d'héritier, de légataire universel. Là où la réserve est admise, il n'y a pas d'autre succession que l'hérédité ordinaire, que la succession des héritiers réservataires. Au contraire, d'après le Droit romain, le testament et l'institution d'héritier constituent la règle ; la succession ab intestat est l'exception ; la légitime même est moins une dérogation à la succession testamentaire qu'un moyen fondé sur la volonté présumée du testateur d'assurer le maintien, la consolidation du testament.

Le réservataire, étant saisi de plein droit de toute la succession, peut agir, comme un propriétaire, même contre les tiers-détenteurs, par voie d'action réelle. Le légitimaire n'a qu'une action personnelle en paiement ou en supplément de paiement de sa légitime.

C'est à l'héritier réservataire que les légataires, quels qu'ils soient, sont obligés de demander la délivrance de leurs legs. C'est, au contraire, aux héritiers institués que les légitimaires sont tenus de demander la délivrance de leur légitime.

La réserve est fondée sur le principe de la nécessité de la transmission et de la conservation des biens dans les familles. La légitime n'est qu'une exception au principe contraire du droit de propriété le plus absolu, exception fondée sur les devoirs de l'humanité et de l'affection.

La réserve place le titre successif, la qualité d'héritier, à l'abri du droit de disposition qu'avait le défunt; la légitime ne tend qu'à prévenir l'exclusion complète du légitimaire des biens de son auteur.

La réserve ne compète qu'aux membres de la famille seulement, par conséquent aux parents légitimes seulement; les enfants naturels n'ont rien à y prétendre. La légitime, fondée sur des devoirs d'humanité, plus encore que sur des intérêts sociaux et politiques, compète même aux enfants naturels.

Les ascendants n'avaient pas de réserve; mais ils avaient une légitime.

La réserve s'étend aussi loin que le droit de successibilité; tous les successibles, tant en ligne directe descendante qu'en ligne collatérale, sont réservataires. La légitime, au contraire, s'arrête, en ligne collatérale, aux frères et sœurs germains et consanguins.

CHAPITRE V.

De la législation intermédiaire.

Les ordonnances de 1731 et 1735 sur les donations et les testaments, dont l'illustre d'Aguesseau avait été l'auteur, n'introduisirent pas un nouveau droit en cette matière. Elles ont plutôt réglé les formes des actes à titre gratuit et la capacité de donner ou de recevoir en vertu de semblables actes, qu'elles n'ont modifié, en quoi que ce soit, le droit de réserve, et continuèrent donc d'exister conjointement et concurremment sans se contrarier, sans se confondre ; l'une étant le droit de succession ordinaire restreint, et s'appliquant principalement aux biens propres ; l'autre applicable aux meubles et aux acquêts, et constituant une dérogation au principe de la liberté illimitée de disposer de ses biens. Ces deux institutions se maintinrent l'une à côté de l'autre aussi longtemps que subsista la distinction des propres et des acquêts.

La révolution de 1789, en faisant table rase de toutes les institutions féodales, fit tomber également la distinction entre les propres et les acquêts. D'un autre côté, le droit intermédiaire, moins peut-être dans le but de conserver les

biens dans les familles, moins dans le but d'empêcher leur aliénation, que pour prévenir l'ac-
cumulation des richesses dans un petit nombre
de mains, pour favoriser l'égalité des partages
et le morcellement des propriétés, par conséquent dans des vues exclusivement démocra-
tiques, restreignit considérablement, peut-être
même excessivement, la faculté de disposer à
titre gratuit tant entre vifs que par testament.
D'après la loi du 17 Nivôse an II, la principale
des lois de la révolution sur cette matière, loi
qui devait même produire des effets rétroactifs,
on ne pouvait pas favoriser un héritier au préjudice de l'autre; et on ne pouvait même disposer, au profit des tiers, que du dixième de
son patrimoine, si on laissait des héritiers en
ligne directe, et du sixième seulement, si on
n'avait d'héritiers qu'en ligne collatérale.

La loi du 4 Germinal an VIII vint tempérer
ce que cette législation avait d'exclusif, et jeter
les bases d'un nouveau Droit, en limitant la
faculté de disposer à titre gratuit, au profit des
héritiers en ligne directe à l'infini, et aux héritiers en ligne collatérale jusqu'aux degrés de
grands-oncles et de grandes-tantes et de cou-
sins issus de germains seulement, et en réduisant la quotité disponible au quart des biens,

si le disposant laisse moins de quatre enfants,
au cinquième s'il en laisse quatre, au sixième
s'il en laisse cinq, et ainsi de suite, en comptant toujours, pour déterminer la portion disponible, le nombre des enfants plus un ; et à
la moitié, s'il laisse des réservataires dans la
ligne ascendante ou dans la ligne collatérale.

_____

4

CHAPITRE VI.

Lequel des deux systèmes, de la réserve coutumière, ou de la légitime, a servi de base aux dispositions du Code civil sur la matière.

Il est impossible de se dissimuler que la doctrine de la réserve légale, telle qu'elle est enseignée dans le Code civil, ne soit une des plus difficiles de ce corps de lois. C'est ce que démontrent, d'une part, les longues, nombreuses et vives discussions auxquelles cette matière a donné lieu, lors de la confection du Code, entre les jurisconsultes et les magistrats qui ont pris part à sa rédaction; car, de toutes les parties du titre *des donations entre vifs et des testaments*, c'est sans contredit celle relative à la quotité disponible qui a le plus occupé les savantes méditations tant des membres du Conseil d'État que des membres de la section du Tribunat. D'un autre côté, le petit nombre et la briéveté des dispositions sur ce point, la foule de cas que le législateur n'a pas prévus et dont il a semblé vouloir abandonner la solution à l'interprétation des tribunaux, sont loin de lever les difficultés, mais, au contraire, de nature à les multiplier, à les augmenter. Si l'on s'attache à consulter les travaux prépara-

toires, quelque étendus qu'ils soient, on n'est
guère plus avancé à cet égard; car il est no-
toire, et l'on est convaincu de suite que les
jurisconsultes du Conseil d'État, ainsi que ceux
du tribunat, étaient divisés en deux partis, en
deux camps différents, les uns professant les
principes des pays coutumiers, les autres im-
bus des doctrines des pays de Droit écrit. Leurs
délibérations n'étaient donc pas animées, em-
preintes d'une uniformité de principes. Aussi
les uns raisonnaient-ils dans le sens des règles
de la réserve coutumière, les autres d'après
les règles de la légitime.

Peu de matières ont soulevé des questions
de droit civil aussi importantes, aussi ardues,
et donné lieu à autant de controverses; peu
ont présenté l'exemple de plus de variations,
tant dans les décisions de la jurisprudence que
dans les opinions des auteurs les plus célèbres,
des esprits les plus éminents. Mais ces vacilla-
tions dans la jurisprudence et chez les commen-
tateurs, ne faut-il pas plutôt les attribuer à
cette circonstance que l'on n'a pas toujours eu
égard à l'origine de la réserve, que l'on n'est
pas toujours parti d'un point de départ fixe,
d'où l'on pût déduire des conséquences certaines, et que trop souvent on ne s'est laissé

entraîner que par les inspirations de l'équité? Toutefois, en matière de législation, l'équité, considérée d'une manière abstraite, n'est pas toujours un guide très-sûr : indépendamment de ce qu'elle tend à mutiler l'uniformité des principes, et à dénaturer, à altérer même l'esprit des lois, elle est susceptible de mener à des contradictions, à faire subir au texte des interprétations différentes, selon les circonstances dans lesquelles il faut l'appliquer, et selon les exemples qui sont choisis. Enfin, les difficultés proviennent surtout de ce qu'on n'a pas toujours observé avec assez de soin les différences essentielles qui existent entre la réserve et la légitime, et de ce que, par suite de cette confusion, on s'est dirigé tantôt d'après les principes de la légitime, tantôt d'après ceux de la réserve, selon les cas qui se présentaient et selon les exigences de l'équité.

Il est donc préférable, il est beaucoup plus logique, beaucoup plus sûr, de consulter avant tout le point de départ du législateur, de chercher à pénétrer au cœur du système qu'il a voulu embrasser, et de pousser ensuite les développements de ce système dans toutes ses conséquences, jusqu'au point où elles viendraient à heurter contre des dispositions législatives contraires.

Or, on n'a qu'à comparer les articles du Code civil sur la matière de la quotité disponible, pour comprendre aussitôt auquel des deux systèmes, de celui de la réserve coutumière ou de la légitime, le législateur a entendu donner la préférence. Les délibérations du Conseil d'État, quelque diffuses qu'elles puissent paraître, les observations de la section du Tribunat, sont également de nature à dissiper toute espèce de doute sur ce point. Les diverses et nombreuses modifications que le projet a subies non-seulement dans ses dispositions, mais même dans sa rédaction, l'esprit dans lequel ont eu lieu la plupart de ces modifications, en sont la preuve, ainsi que les principes auxquels le législateur a obéi en matière de succession, et les idées philosophiques et politiques sur la propriété et la famille, qui dominaient lors de la confection du Code civil.

Le projet du code sur la matière du patrimoine indisponible était, ainsi que le projet tout entier du titre des *Donations entre vifs et des Testaments* duquel cette matière fait partie, conçu primitivement dans l'esprit du Droit romain. Mais, par suite des discussions qui eurent lieu, à cette occasion, au Conseil d'État, le projet éprouva, pour ainsi dire, une transfor-

mation totale, et fut mis, autant que possible,
en harmonie avec les dispositions contenues
dans le titre *des successions*, qui étaient, au contraire, conçues dans l'esprit du Droit coutumier, et auxquelles les anciens principes germaniques avaient servi de base. Les termes de
légitime, *légitimaires*, qui avaient figuré dans le
premier projet, disparurent; on y substitua
partout ceux de *réserve, réservataires, héritiers*.
L'héritier institué par le testateur ne s'appelle
jamais *héritier*, mais on lui applique simplement
la dénomination de *légataire universel* ou de *légataire à titre universel*. Les expressions : «*Les
« dispositions à titre gratuit soit entre vifs, soit à
« cause de mort*. . . qui se trouvaient dans les
art. 943 et 945 du projet, furent remplacées
par celles-ci beaucoup plus générales : «*Toutes
« les libéralités*» . . . La première rédaction de
l'art. 926 avait accordé, en matière de réduction
des dispositions testamentaires, au légataire universel le droit de prélever sur la succession,
avant la délivrance des legs particuliers, une
quarte semblable à la quarte Falcidique ou
Trébellianique. Ce vestige du Droit romain dis-
parut également, et désormais les légataires
universels n'auront plus de droits de privilège
sur les légataires particuliers; ils leur sont

même entièrement assimilés. Nous pourrions
facilement multiplier les exemples à l'appui de
notre proposition.

Ainsi, pas de doute sur ce point; c'est aux
principes de la réserve, telle qu'elle a sa source
dans l'ancien Droit germanique, telle qu'elle a
été développée par le Droit coutumier, que le
législateur du Code civil a voulu plus parti-
culièrement se conformer; de même qu'il a
préféré les règles de la succession germanique aux règles du droit de succession chez les
Romains. Aujourd'hui, sous le régime du Code
civil, comme autrefois dans les pays coutumiers,
le droit de réserve est le droit de succession
ordinaire, restreint à une certaine quotité du
patrimoine, et garanti contre le droit de disposition absolu du défunt. C'est un droit de
propriété assuré aux membres de la famille, du
vivant encore du chef de famille, sur les biens
qui se trouvent dans le patrimoine de ce dernier.

Les principes de la réserve régissant autrefois seulement les biens situés dans les pays
coutumiers, étendent maintenant leur empire
dans les anciennes provinces de Droit écrit. La
légitime et la réserve n'existent plus concurremment en France. Il n'y a plus, en général,
qu'un seul patrimoine indisponible : c'est la ré-

serve. Par l'effet de l'abolition de la distinction des propres et des acquêts, et par l'effet de l'abolition de cet autre principe qu'il y a autant de successions que d'universalités de biens provenant d'auteurs différents, que les propres émanés d'auteurs différents ne peuvent se confondre définitivement en passant sur une même tête, il n'y a plus qu'un seul patrimoine, qui est composé de l'universalité de tous les biens d'une personne, quelle que soit leur nature, quelle que soit leur origine, et auquel doivent être appliqués les principes de la réserve. L'universalité du patrimoine, sans égard à la nature ni à l'origine des biens qui la composent, est réputée avoir les caractères des anciens propres, et être frappée d'inaliénabilité comme l'étaient les propres, en ce sens que le montant de la réserve, qui était calculé autrefois sur les propres seulement, est calculé maintenant sur l'universalité des biens.

Indépendamment des modifications que doit subir la doctrine de la réserve légale, par suite de l'abolition de la distinction des propres et des acquêts en matière de succession, elle doit en subir d'autres encore non moins importantes, notamment par l'effet de l'abolition du principe de la défense absolue de faire des institutions d'héritiers; par suite du principe nouveau de la restriction de la réserve en ligne directe, de sa fixation relative et de son extension à la ligne ascendante; enfin, par suite du principe de l'interdiction absolue de toutes stipulations sur des successions futures, et de l'abolition des exclusions coutumières et du droit d'aînesse.

CHAPITRE VII.

Des conséquences qu'on peut déduire de l'origine du droit de réserve légale pour l'interprétation du Code.

Le droit de propriété commune qui compétait, dans les anciens principes du Droit germanique, à tous les membres de la même famille, sur tous les biens dont chaque membre de cette famille avait hérité d'un ascendant commun, s'étend, maintenant que la distinction des propres et des acquêts est abolie, sur tous les biens indistinctement, existant entre les mains de chaque membre de la famille. Mais, sous l'empire du Code civil comme dans les insitutions germaniques auxquelles la réserve doit sa naissance, elle est le droit d'hérédité ordinaire garanti aux membres de la famille sur une quotité restreinte du patrimoine du défunt, par l'inaliénabilité de cette quotité, contre les abus du droit de celui-ci de disposer à titre gratuit de tout son patrimoine. Cette dernière proposition peut être scindée; et nous allons examiner successivement la doctrine de la réserve légale sous ses deux principaux rapports; nous l'envisagerons : comme droit d'hérédité ordinaire; 2° comme droit de propriété, c'est-

à-dire, comme étant garantie, par son inaliénabilité, aux héritiers présomptifs.

SECTION Ire. *De la réserve légale considérée comme hérédité.*

La réserve légale étant le droit de l'hérédité
ordinaire, toutes les règles suivies en matière
de succession ab intestat, sont applicables à la
succession dans la réserve.

L'hérédité ordinaire, l'hérédité ab intestat,
est exclusive de l'hérédité testamentaire, en ce
sens que, lorsqu'il y a des héritiers du sang,
des héritiers ordinaires, qui sont appelés à tout
ou à partie de la succession, uniquement en
vertu du titre qui leur est conféré par la loi,
et non par la volonté de l'homme, il n'y a plus,
malgré toute existence de testament, malgré
toutes institutions d'héritier, il n'y a plus d'héritiers testamentaires proprement dits. Ceux
qui recueillent alors des objets de la succession,
en vertu de leur qualité de légataires, quelque
étendue que soit cette qualité, ne sont plus que
des successeurs particuliers; ils ne peuvent être
des successeurs dans l'hérédité, des héritiers
proprement dits, des représentants du défunt.
Il est donc évident dans ce sens, que, dans

toutes les circonstances où le droit de réserve est établi, dès qu'il y a des héritiers ordinaires qui recueillent la réserve, il ne peut plus être question de succession testamentaire. Les institutions d'héritier, les dispositions universelles tombent; elles ne produisent plus tous leurs effets, et ne peuvent plus avoir que les caractères de simples dispositions particulières. L'ancien testament du Droit romain n'a plus que la qualité d'un simple codicille. Il n'y a pas d'autre hérédité que la succession ab intestat, et il n'y a pas d'autres héritiers que les héritiers ordinaires appelés par la loi.

Il n'y a qu'une seule universalité juridique qui est composée de la réserve, de la partie du patrimoine dont la disposition à titre gratuit était interdite au défunt, et du patrimoine libre, c'est-à-dire, des biens dont le défunt n'avait réellement pas disposé à titre gratuit et de toutes les dispositions à titre gratuit, dont le bénéficiaire, donataire ou légataire, n'aurait pas déclaré vouloir profiter.

Pour avoir droit à la réserve, il faut être héritier; il faut être appelé à la succession; il faut être capable de succéder; il faut n'avoir pas renoncé à sa qualité d'héritier. *Non habet legitimam, nisi qui est heres.* Le réservataire renonçant ne peut succéder , pas plus dans la réserve que dans aucune partie de la succession. Il ne peut donc retenir, par voie d'imputation sur sa part dans la réserve , les avantages qu'il aurait reçus antérieurement du défunt.

La réserve ne s'ouvre, comme la succession , que par la mort naturelle ou civile du disposant. Avant ce moment, le réservataire n'a rien à y prétendre. Le défunt aurait épuisé ou dissipé tout son patrimoine en libéralités, que les réservataires n'auraient point pour cela, tant que la succession ne serait pas ouverte, le droit de s'en plaindre. Aussi longtemps que leur auteur est en vie, ils n'ont l'exercice d'aucun droit d'action sur la réserve ; ils ne peuvent attaquer, encore moins faire révoquer ou annuler aucun acte de leur auteur , sous le prétexte et sur le fondement qu'un tel acte porterait atteinte à leur droit de réserve.

Les héritiers les plus proches, d'après les principes et dans l'ordre de dévolution établis en matière de succession , succèdent seuls dans la réserve, et ont seuls la qualité d'héritiers. Ainsi, ce sont d'abord les enfants au premier degré, légitimes, légitimés ou adoptifs, qui succèdent dans la réserve par égales portions et par têtes ; et si les uns ou les autres d'entr'eux sont

morts, les survivants succèdent par souches
concurremment avec les descendants laissés
par les enfants prédécédés. La succession par
souches a toujours lieu, lors même qu'il n'y a
plus de descendants au premier degré, et que
tous les descendants sont du même degré et
viennent à la succession de leur chef. Les descendants à un ultérieur degré ne comptent jamais que pour l'enfant au premier degré dont
ils sont issus. Ainsi, il n'y aurait eu qu'un enfant
unique prédécédé, lequel aurait laissé à son
tour des descendants placés dans un égal degré;
ces descendants partageraient bien la succession
entre eux par portions égales; mais ils ne suc-
céderaient encore que par souches, quoique
venant tous de leur chef, c'est-à-dire, qu'ils ne
compteraient tous que pour un seul enfant, pour
l'enfant au premier degré prédécédé. Cette
circonstance ne ferait nullement augmenter la
réserve. La succession en ligne descendante a
lieu à l'infini, et les descendants à des degrés
inégaux succèdent par représentation. La représentation dans la ligne descendante a également lieu à l'infini.

A défaut de descendants, la loi ordinaire de
succession appelle à l'hérédité les ascendants
au premier degré, le père et la mère, qui sans

doute prélèvent le montant de leur réserve,
mais qui ne succèdent pas exclusivement, mais
concurremment avec les frères et sœurs du défunt ou les descendants légitimes de ceux-ci par
voie de représentation. S'il n'y a ni frères ni
sœurs, ni descendants d'eux, le père et la mère
succèdent, par égales portions, dans la réserve
telle qu'elle est fixée par la loi; ils y succèdent exclusivement, ainsi que dans la part de
la quotité disponible, dont le défunt n'aurait
pas disposé. Si la quotité disponible avait été
épuisée, la réserve serait dévolue exclusivement
aux père et mère, lors même qu'ils seraient
appelés à l'hérédité conjointement avec des
frères et sœurs. S'il n'y avait qu'un père ou une
mère successible, il n'y aurait de réserve que
pour cet ascendant, il n'y aurait pas de réserve
pour les ascendants de l'autre ligne, les ascendants à un degré plus éloigné que celui de père
ou de mère étant exclus par les frères et sœurs.
Dès lors il faudrait qu'il n'y eût ni frères ni
sœurs capables de succéder, pour qu'il pût être
question d'une réserve en faveur d'ascendants
plus éloignés de l'autre ligne; ou bien il faudrait
que tous les frères et sœurs ou leurs descendants eussent renoncé à la succession, pour que
la réserve d'ascendant, qui n'existait pas tant

que ces collatéraux successibles n'avaient pas renoncé, pût renaître. S'il n'y a ni père ni mère, mais des ascendants à des degrés plus éloignés et des frères et sœurs, il est évident qu'il n'y aura pas de réserve d'ascendant, tant que les frères et sœurs qui sont appelés à la succession avant les ascendants et qui les excluent, n'auront pas expressément renoncé. Mais s'ils viennent à renoncer à la succession, comme ils sont alors réputés n'avoir jamais été héritiers, rien n'empêche les ascendants de venir à la succession et de recueillir la réserve qui leur est affectée.

Les personnes incapables et indignes ne peuvent succéder dans la réserve ; car elles ne peuvent être héritières. Sont réputés incapables : l'enfant qui n'est pas encore conçu, celui qui n'est pas né viable, les personnes mortes civilement. Sont indignes ceux qui ont été déclarés tels, après l'ouverture de la succession, par un jugement fondé sur des motifs énoncés dans la loi. Mais il y a cette différence entre ceux qui sont incapables et les indignes, que les incapables n'ayant jamais pu être héritiers, la saisine n'a pas pu produire d'effets en leur faveur à l'égard des tiers ; tandis que le jugement qui déclare l'indignité, au contraire, ne produisant d'effets qu'entre les parties qui étaient en cause, en faveur des personnes seules qui ont obtenu le jugement, il ne saurait être opposé aux tiers, au regard desquels ils ont néanmoins eu la saisine, au regard desquels ils sont réputés avoir été héritiers.

Il y a saisine au profit des réservataires qui sont appelés à l'hérédité. A l'instant même de l'ouverture de la succession, tout le patrimoine du défunt se trouve transmis aux réservataires qui sont réputés être entrés dans la possession immédiate de l'hérédité. Le droit inerte du *condominium* qu'ils avaient jusqu'alors, fait place à un droit plus étendu, se transforme immédiatement en un droit de propriété absolu. Ils deviennent *ipso jure* propriétaires de l'hérédité, même à leur insu; et ils transmettent à leur tour, à leurs propres héritiers, l'universalité juridique qui a ainsi passé sur leur tête, et qui s'est confondue avec leur propre fortune. Ils peuvent en disposer immédiatement comme de leur propriété, l'aliéner, la donner, la céder dans les mêmes limites que leur propre patrimoine; et leurs cessionnaires, leurs ayant-droit peuvent exercer tous les droits qu'ils auraient pu exercer eux-mêmes, à la charge par les uns et les autres d'acquitter toutes les dettes et charges qui n'excéderaient pas la portion dont le défunt avait pu valablement disposer.

A la différence du Droit romain qui réputait par une fiction le défunt vivant jusqu'au moment de l'adition d'héritier, c'est la fiction contraire, c'est le principe du droit coutumier : *Le mort saisit le vif*, qui prévaut, qui l'emporte ici.

Le réservataire, comme tout héritier, jouit du droit de renoncer; et tant qu'il n'a pas expressément renoncé, il demeure saisi; car l'acceptation n'est qu'une renonciation à la faculté de renoncer à la succession. Il est saisi jusqu'à ce qu'il soit dessaisi par sa propre renonciation, ou par l'acceptation d'un héritier plus proche.

Le réservataire est seul saisi; c'est à lui que les légataires même universels sont obligés de réclamer le montant de leur legs, comme s'ils n'avaient que des legs d'une quotité ou d'un objet déterminé. Tant qu'il y a une réserve, et par conséquent, une hérédité ordinaire, tant qu'il y a une partie du patrimoine qui était soustraite à la faculté de disposition du défunt, et dans laquelle succèdent des héritiers appelés par la loi, les légataires universels ne peuvent se faire envoyer en possession de la succession;

Ils sont tenus de prouver contre les héritiers ordinaires la sincérité du titre, du testament qu'ils invoquent. Tandis qu'au contraire, s'il n'y avait pas de réserve, le légataire universel serait saisi de la succession par l'envoi en possession, et les héritiers ordinaires auraient la charge de la preuve, seraient tenus d'attaquer le titre invoqué par le légataire universel et d'en établir la nullité. S'il y a une réserve, la preuve de la vérification d'écriture est à la charge des légataires, dans le cas où les héritiers se borneraient, ainsi qu'ils le peuvent, à méconnaître la signature de leur auteur. S'il n'y a pas de réserve, les héritiers ordinaires sont obligés de s'inscrire en faux, et de prouver leur demande contre le légataire universel qui a un titre, qui est en possession. Ainsi, il y a présomption de la validité du titre du légataire universel, quand il n'y a pas de réserve ; c'est la présomption contraire qui l'emporte, s'il y a une réserve.

Le tiers-détenteur de l'hérédité ne peut opposer au réservataire, tout aussi peu qu'à l'héritier ordinaire, l'exception *plurium coheredum*, ni l'exception fondée sur l'indignité, ni la circonstance qu'il n'est pas l'héritier le plus proche.

La part du réservataire renonçant accroît de

plein droit à ses cohéritiers, ou à ceux qui sont héritiers à son défaut, aux héritiers d'un ordre subséquent. Cette part n'accroît jamais, comme la légitime dans le Droit romain, au légataire universel. Il en est ainsi, même dans le cas où la réserve est calculée d'après le nombre des héritiers, comme cela a lieu pour la réserve des descendants. Ainsi, par exemple, s'il y a deux enfants, et que l'un d'eux vienne à renoncer, la réserve n'en sera pas moins aussi considérable que si les deux enfants avaient accepté la succession. La réserve qui, dans ce cas, est des deux tiers, n'est pas réduite à la moitié du patrimoine, comme s'il n'y avait eu qu'un seul enfant; mais la part de l'enfant renonçant profite à son cohéritier qui accepte; l'enfant acceptant aura donc une réserve des deux tiers. Il en serait encore ainsi, lors même que le cohéritier acceptant ne serait pas lui-même héritier à réserve. Ainsi, par exemple, une personne laisse pour ses héritiers les plus proches, son père et sa mère, et des frères et sœurs. La réserve, dans ce cas, est de la moitié du patrimoine, c'est-à-dire d'un quart pour le père, et d'un autre quart pour la mère. La réserve n'en reste pas moins fixée à la moitié, lors même que le père ou la mère

viendrait à renoncer. Le quart du renonçant
non-seulement accroîtra à la part de l'ascendant acceptant, mais encore profitera aux frères
et sœurs qui sont appelés à l'hérédité concurremment avec lui, quoique ces frères et sœurs
ne soient pas eux-mêmes des héritiers à réserve.

Toutes les règles relatives à l'acceptation pure
et simple, à l'acceptation sous bénéfice d'inventaire et à la renonciation de la succession ordinaire, doivent en général être également appliqués à la succession dans la réserve.

L'acceptation pure et simple et l'acceptation
sous bénéfice d'inventaire devraient produire à
la rigueur absolument les mêmes effets qu'en
matière de succession ordinaire. Ainsi le réservataire qui accepterait purement et simplement devrait, comme l'héritier ordinaire, être tenu de
toutes les dettes et charges de la succession,
même de l'exécution de toutes les donations et
de tous les legs consentis par le défunt, même
ultrà vires hereditarias; l'hérédité s'étant confondue avec son propre patrimoine, et l'héritier
pur et simple devenant le débiteur direct et
personnel de tous les créanciers du défunt.
Ainsi l'héritier sous bénéfice d'inventaire devrait
être tenu de toutes ces dettes et charges, même

de l'exécution de toutes les dispositions à titre
gratuit consenties par le défunt, jusqu'à concurrence de ce qui se trouverait dans la succession; et il ne pourrait se dégager de cette
obligation que par l'abandon de tous les biens
de la succession. Il est évident que, dès lors
aussi, et d'après les conséquences absolues de
ce système, il ne saurait être question de réduction des libéralités au profit des réservataires,
soit qu'ils eussent accepté la succession purement et simplement, soit qu'ils l'eussent accep-
tée sous bénéfice d'inventaire. Mais cette doctrine rigoureuse des effets de l'acceptation de
la succession, qui est empruntée par le Code
civil au Droit romain, doit nécessairement être
modifiée par le principe de l'inaliénabilité de
la réserve, par les règles qui étaient suivies,
dans le Droit coutumier, en matière de succession dans les propres. La réserve non-seulement est l'hérédité ab intestat, mais encore elle
est cette même hérédité garantie contre le droit
du propriétaire de disposer de tout son patrimoine à titre gratuit. Aussi, l'héritier réservataire, sous quelque forme qu'il accepte la
succession, est-il dispensé de l'exécution de
tous les legs qui porteraient atteinte à sa réserve; aussi, le réservataire, héritier pur et

simple ou sous bénéfice d'inventaire, a-t-il
le droit de faire réduire toutes les donations
entre vifs qui auraient entamé sa réserve; et
les créanciers du défunt, devenus cependant
les propres créanciers de l'héritier pur et simple, créanciers de l'héritier sous bénéfice d'inventaire jusqu'à concurrence de tout ce qu'il
recueille dans la succession, ne peuvent nullement profiter de ces réductions, ne peuvent
faire valoir leurs droits sur les biens rentrés
dans la succession par suite de l'action en
réduction. Les donataires, contre lesquels le
réservataire viendrait exercer l'action en réduction, ne pourraient même lui opposer qu'il
a accepté la succession purement et simplement : son action devrait être accueillie, dans
tous les cas, pourvu qu'il prouve que les libéralités attaquées par lui portent atteinte à
son droit de réserve; il n'est pas absolument
exigé que cette preuve soit faite par la pro-
duction d'un inventaire. Ces dérogations aux
effets ordinaires produits par l'acceptation de
toute succession sont trop conformes aux caractères de la réserve, se trouvent trop clai-
rement exprimées dans le texte de la loi, se
sont révélées d'une manière trop manifeste
dans l'esprit du législateur, lors des travaux

préparatoires du Code civil, pour qu'il soit possible d'en douter.

Le réservataire ne peut renoncer à son droit de réserve qu'après l'ouverture de la succession. Antérieurement ce serait une renonciation à une succession future, laquelle est frappée par la loi d'une nullité radicale. Les stipulations sur succession future, du moins sur la succession des propres, étaient autrefois permises. Les interdictions de ces stipulations sont d'origine romaine. Ainsi, les héritiers pouvaient consentir valablement, même du vivant de leur auteur, à l'aliénation de tout ou partie des propres de celui-ci; et leur consentement à ces aliénations pouvait leur être valablement opposé après l'ouverture de la succession. Dans beaucoup de coutumes, ils pouvaient, du vivant de leur auteur, renoncer à leur droit de réserve; *les exclusions coutumières* et *le mariage avenant*, dont nous avons déjà parlé, nous présentent des exemples frappants de semblables renonciations, qui pouvaient même quelquefois avoir lieu d'une manière tacite. Mais aujourd'hui que les stipulations sur successions futures sont sévèrement prohibées, les réservataires ne peuvent, avant l'ouverture de la succession, ni renoncer à leur droit de réserve, ni donner leur consentement actuel à des donations entre-vifs, ni consentir aux institutions d'héritier et aux legs que ferait leur auteur, ni, en un mot, renoncer à l'action en réduction. De pareils consentements, de pareilles renonciations ne produiraient absolument aucun effet, et ne pourraient jamais leur être opposés.

La part du réservataire renonçant accroît à ses cohéritiers, nous l'avons déjà dit; elle leur accroît, peu importe que ces cohéritiers soient tous eux-mêmes réservataires ou non. Si, parmi les cohéritiers acceptants, il s'en trouve qui ne soient pas eux-mêmes réservataires, la réserve accrue de la part du réservataire renonçant se partage entre les cohéritiers réservataires et les cohéritiers non reservataires, dans les proportions établies pour les partages des successions ordinaires, sans toutefois que cette circonstance soit susceptible de diminuer la part de réserve naturellement attribuée aux réservataires acceptants. Ainsi un individu qui avait disposé à titre gratuit de tout son patrimoine, décède laissant pour plus proches parents son père et sa mère et des frères et sœurs. De ce que le père ou la mère vienne à renoncer à la succession, et de ce que les frères et sœurs non réservataires seront alors appelés à la succession et au partage, conjointement avec leur père ou leur mère acceptant, il n'en résultera nullement que la réserve de ce dernier puisse être diminuée, quoique les frères et sœurs soient admis à partager avec le père dans la proportion des trois quarts au quart. Le père ou la mère recueillera, en tout état de choses, la part de réserve entière qui lui est affectée. Ce serait également une grande erreur de prétendre que la part du réservataire renonçant doit profiter exclusivement au co-réservataire acceptant, s'il y a d'autres cohéritiers non réservataires, ou que cette part doit être partagée entre le réservataire acceptant et les cohéritiers non réservataires, dans les proportions tracées pour le partage des successions ordinaires, abstraction faite de la part du réservataire acceptant. Un pareil système conduirait à des conséquences absurdes. En effet, pour ne pas nous éloigner de l'hypothèse qui vient de nous occuper, on arriverait à conclure que, par suite de la renonciation de la mère, la part du père acceptant pourrait être des cinq seizièmes ou même de la moitié de tout le patrimoine, tandis que sa part, toutes les fois qu'il est en concours avec des frères et sœurs, ne peut jamais s'élever au-dessus du quart de la succession.

Le réservataire, en sa qualité d'héritier, peut être contraint, mis en demeure par toute personne intéressée, d'accepter ou de répudier la succession.

Le réservataire ayant la saisine comme l'héritier, devenant comme lui propriétaire et possesseur de l'hérédité et de chacun des objets qui la composent, peut exercer l'action en pétition d'hérédité, dont la durée est de trente ans, contre tout détenteur de cette hérédité à quelque titre que ce soit. L'action en réduction qui s'exerce contre les donataires entre vifs jusqu'à concurrence du montant de la réserve, a tous les caractères, toutes les qualités de la pétition d'hérédité. C'est une action à la fois personnelle et réelle, qui peut être exercée contre les tiers-détenteurs, même de bonne foi, de tout ou partie des biens de la réserve. Mais les tiers-détenteurs de bonne foi d'immeubles qu'ils auraient acquis à juste titre, pourraient opposer à cette demande la prescription de dix ou vingt ans; ils pourraient également opposer l'exception de discussion, à la charge par eux d'avancer les frais de cette discussion.

Le réservataire a encore l'action possessoire ayant pour objet la totalité ou une partie aliquote de l'hérédité.

Enfin, représentant le défunt, et entrant dans tous ses droits, il est admis à exercer toutes les actions pétitoires et possessoires, personnelles et réelles qui compétaient au défunt.

Entre co-réservataires, de même qu'entre cohéritiers, il faut appliquer toutes les règles du rapport. Ainsi, les réservataires sont tenus, comme les héritiers, de se rapporter mutuellement tous les avantages qu'ils ont reçus directement ou indirectement du défunt. Il n'en est excepté absolument que les libéralités faites avec préciput ou hors part, ou avec dispense expresse de rapport. La loi considère, mais en matière de réserve seulement, comme faites avec dispense de rapport les aliénations faites à charge de rente viagère, ou à fonds perdu, ou avec réserve d'usufruit. Mais ce sont là les seuls avantages qui soient dispensés du rapport, sans que cette dispense soit formellement exprimée dans l'acte. La dispense de rapport ne peut pas être présumée : elle n'est pas tacite, pas même dans les actes contenant des donations indirectes ou déguisées : toutefois, il n'y a pas de termes sacramentels pour exprimer la dispense du rapport. Il est bien entendu que, nonobstant toutes dispenses, le rapport est toujours dû de tout ce qui excède la quotité disponible.

Le rapport peut être demandé, non-seulement des libéralités faites sous la forme d'actes à titre gratuit, mais encore des donations indirectes ou déguisées, faites sous la forme d'actes à titre onéreux. Mais dans ce dernier cas, le demandeur en rapport est tenu de prouver l'existence de la libéralité, de l'avantage. Le rapport est dû de tout ce qui doit être compris dans la réserve et de tout ce qui n'a pas été donné avec dispense de rapport.

Les aliénations faites à charge de rente viagère, à fonds perdu, ou avec réserve d'usufruit, sont réputées, aux yeux de la loi, contenir des avantages indirects; elles le sont de plein droit, en vertu d'une présomption *juris et de jure*, à laquelle aucune preuve contraire ne saurait être opposée. Le montant de ces aliénations étant dispensé de rapport, ne peut, ainsi que les avantages faits avec préciput, ou avec dispense expresse, être imputé sur la réserve; il ne peut être imputé que sur la portion disponible. Le surplus est sujet à rapport.

Dans tous les actes contenant libéralités, directes ou indirectes, avec dispense de rapport ou par préciput, l'imputation n'a lieu que pour le montant de l'avantage, de la libéralité même. Au contraire, les aliénations, dont nous venons de parler ci-dessus, doivent être imputées sur la quotité disponible pour toute la valeur des biens ainsi aliénés, malgré les contre-prestations dont les aliénations auraient été l'objet, et lors même que la valeur de ces contre-prestations serait égale ou même supérieure à la valeur des biens aliénés.

En matière de réserve, il se présente, indépendamment du rapport, trois opérations distinctes qu'il importe de ne pas confondre, et qui néanmoins offrent entre elles et avec le rapport une grande analogie. Avant d'aller plus loin, nous croyons utile de nous y arrêter. Ce sont la réunion fictive, l'imputation et la réduction.

La réunion fictive est l'opération préliminaire, à laquelle on est obligé d'avoir recours pour parvenir à la fixation de la réserve et de la quotité disponible. En vertu de la réunion fictive, tout ce qui reste dans la succession, après la déduction des dettes et des charges, réuni à tout ce dont le défunt avait disposé à titre gratuit, tant entre-vifs qu'à cause de mort, directement ou indirectement, et à la valeur en pleine propriété des biens aliénés en ligne directe, à charge de rente viagère, à fonds perdu ou avec réserve d'usufruit, est réputé former l'universalité du patrimoine du défunt, laquelle universalité est ensuite divisée en deux parts : la réserve et la quotité disponible. Toute personne intéressée a le droit de demander la réunion fictive. Mais il n'y a que les réservataires, les successibles en ligne directe, qui puissent demander la réunion fictive de la valeur des biens aliénés en ligne directe à charge de rente viagère, à fonds perdu ou avec réserve d'usufruit. Les tiers, ni même les héritiers collatéraux, n'ont aucune qualité pour demander cette dernière réunion fictive. A leur égard, la règle générale reprend son empire, et ils sont tenus de prouver l'existence et le montant des libéralités dont ils réclament la réunion fictive. Dans tous les cas, la réunion fictive ne peut engendrer, au profit de toutes les personnes qui la demanderaient, les conséquences qu'elle ne peut entraîner qu'en faveur des héritiers à réserve, telles que la demande en rapport et la demande en réduction.

L'imputation est la déduction sur une chose qui est due à une personne, d'une autre chose que cette personne détient déjà à un titre quelconque, et qu'elle serait tenue de restituer. Dans un sens plus étroit, l'imputation en matière de réserve légale, est la déduction qu'est tenue de subir la personne qui a des droits sur une succession, sur ce qui lui revient, dans cette succession, de tous les avantages qu'elle avait reçus antérieurement du défunt. L'imputation a lieu tantôt sur la quotité disponible seulement, tantôt sur la réserve seulement, tantôt sur la quotité disponible et sur la réserve cumulativement.

On impute, sur la réserve seulement, tous les avantages directs ou indirects faits par le défunt à des héritiers, sans dispense de rapport. L'imputation sur la réserve n'est admise qu'à l'égard des tiers. A l'égard des cohéritiers, l'imputation sur la réserve n'est qu'un rapport en moins-prenant. Dès lors, pour que l'imputation puisse être faite sur la réserve au regard des cohéritiers, en d'autres termes, pour que le rapport puisse avoir lieu en moins-prenant, il faut que le réservataire soit dispensé du rapport en nature par la loi, c'est-à-dire, il faut qu'il y ait, par exemple, dans la succession, des biens de même nature dont on puisse former des lots semblables pour les autres héritiers.

On impute sur la quotité disponible seulement les libéralités faites à des tiers, ou même à des réservataires qui renonceraient à la succession; peu importe, dans ce dernier cas, que les avantages aient été faits avec ou sans dispense de rapport. Toute imputation sur la quotité disponible a lieu dans l'ordre des dates des aliénations, quant aux biens dont le défunt s'était dépouillé de son vivant; elle s'opère par contribution au marc le franc, quant aux choses données en vertu de dispositions testamentaires.

Enfin, les réservataires qui acceptent la succession, ont le droit d'imputer d'abord sur la quotité disponible les libéralités qui leur ont été faites avec dispense de rapport, et l'excédant seulement sur la réserve. Ils peuvent donc cumuler la quotité disponible avec la réserve.

Toute personne intéressée a le droit d'exiger l'imputation tant sur la quotité disponible que sur la réserve. Mais ce droit, de la part d'une personne qui n'est pas héritière, ne va jamais jusqu'à pouvoir exiger le rapport; car le rapport n'est dû qu'entre cohéritiers. Ainsi, par exemple, une personne meurt, laissant deux enfants auxquels elle aurait donné entrevifs, par avancement d'hoirie, c'est-à-dire, sans dispense de rapport, 80,000 fr. sur une succes-

sion qui est de 90,000 fr. Il reste 10,000 fr.
au décès de cette personne que nous suppo-
sons avoir institué un légataire universel, ou
bien un légataire de toute la quotité disponible.
L'un et l'autre de ces légataires auront bien
le droit d'exiger la réunion fictive des 80,000 fr.
déjà donnés en avancement d'hoirie aux 10,000
francs restant dans la succession, pour obtenir
le chiffre de la quotité disponible; ils pourront également prétendre que chacun des donataires en avancement d'hoirie impute sur
le montant de sa part de réserve tout ce qu'il
aurait déjà reçu à titre gratuit. Mais là se
bornent leurs droits : ils ne pourraient con-
traindre les donataires à remettre dans la succession ce qu'excéderait leur réserve. Ce serait
une demande en rapport; et le rapport ne peut
être exigé que par un héritier. Pour cela, il
faudrait donc que les légataires fussent en
même temps héritiers; et tant qu'il y a une
réserve, il ne peut y avoir d'autres héritiers
que les héritiers ab intestat. Ainsi, au cas particulier, les 10,000 fr. restant dans la succession ne seront pas partagés entre les réservataires et le légataire institué dans les proportions de la réserve et de la quotité disponible;
le légataire institué recueillera, à la vérité,

exclusivement les 10,000 fr. ; mais, d'un autre
côté, le légataire institué ne pourra pas réclamer des donataires par avancement d'hoirie
des biens déjà donnés jusqu'à concurrence
de la valeur nécessaire pour parfaire la quotité disponible.

La réduction est la restitution aux réservataires de tout ce qui excède la quotité disponible, de tout ce qui a porté atteinte à la
réserve. Envisagée sous ce point de vue, la
réduction n'est qu'un rapport à la succession,
lequel peut être demandé par les héritiers
même contre des tiers.

La réduction est exercée, sous forme d'action à l'égard des donations entre-vifs, et sous
forme d'exception à l'égard des dispositions
testamentaires et de toutes les libéralités qui
ne peuvent être exécutées qu'après l'ouverture de la succession.

L'action en réduction n'est autre que l'action en rapport, étendue même aux personnes
qui ne sont pas héritières; mais la réduction
ne peut, comme le rapport, être demandée
que par les héritiers.

Tout ce qui est soumis à la réduction est
également assujetti au rapport; mais tout ce
qui doit être rapporté n'est pas également sujet

à réduction. La réduction ne s'exerce jamais que sur les dispositions qui ont entamé la réserve, tandis que le rapport qui est établi pour favoriser l'égalité des lots entre cohéritiers, peut même porter sur des choses que l'héritier serait autorisé à conserver. La réduction ne peut être exercée qu'autant que le patrimoine libre ne suffit pas pour remplir de la réserve; le rapport peut, dans tous les cas, être exercé entre cohéritiers.

A ces différences près, il y a une grande similitude entre le rapport et la réduction, ainsi qu'entre les actions auxquelles ces deux opérations donnent naissance. L'action en réduction, comme l'action en rapport, est une pétition d'hérédité. Toutes les règles qui régissent le rapport, doivent également être appliquées par analogie à la matière de la réduction, à moins de dispositions contraires de la loi. Ainsi, le donataire soumis à la réduction, ne peut, pas plus que le cohéritier assujetti au rapport, se refuser à la restitution en nature de ce qui excède la quotité disponible. La réserve est un droit héréditaire; elle est due *ex substantiâ hereditatis*. Le donataire ne peut se soustraire à l'obligation de restituer en nature que dans des cas semblables à ceux où l'héritier n'est pas tenu du rapport en nature, c'est-à-dire, s'il avait aliéné l'immeuble donné avant l'ouverture de la succession, s'il se trouvait dans la succession des immeubles de même nature, valeur et bonté; cette dernière exception ne peut être invoquée que par un donataire qui aurait en même temps la qualité de successible, ou bien si le montant de la réduction n'excédait pas la moitié de la valeur de l'immeuble donné.

SECTION II. *De la réserve légale considérée comme étant déjà la propriété des héritiers avant l'ouverture de la succession.*

Du droit de *condominium* qui compétait autrefois aux membres d'une même famille sur les propres, sur les biens provenant d'un ascendant par voie de succession, et qui, depuis l'abolition de la distinction entre les propres et les acquêts, embrasse l'universalité du patrimoine d'une personne, il résulte que l'universalité du patrimoine, c'est-à-dire, de tous les biens tant présents qu'à venir, appartenant à une personne, est soustraite à la libre faculté de cette personne d'en disposer à titre gratuit, malgré sa qualité de propriétaire, se trouve

en quelque sorte frappée d'inaliénabilité entre
ses mains jusqu'à concurrence d'une certaine
quotité fixée par la loi.

Cette quotité inaliénable, qui n'est autre que
la réserve, était, dans le Droit coutumier, la
même dans tous les cas, quelque fût le nombre
et le degré de parenté de ceux au profit desquels elle était établie. Aujourd'hui elle est
entièrement subordonnée au nombre et à la
qualité de certaines personnes, de certains
parents, capables de succéder, existant à l'ouverture de l'hérédité.

Ce n'est donc que lors de l'ouverture d'une
succession qu'il est possible de connaître exac-
tement le montant de la réserve, le chiffre de
cette quotité de biens qui est soustraite à la
libre disposition gratuite.

Mais, d'autre part, c'est à l'existence seule
de ces personnes capables de succéder qu'est
subordonnée la fixation de la réserve. Aussi,
dès le moment de l'ouverture de la succession,
dès le moment que la réserve s'est trouvée
fixée, le montant de la réserve ne peut plus
être modifiée; il reste invariable; il ne peut
plus être diminué, ni augmenté. Ainsi, existe-
t-il des descendants légitimes lors de l'ouverture de la succession, c'est la réserve fixée

d'après le nombre et la qualité de ces descendants; peu importe l'acceptation que quelques-uns seulement des héritiers feraient de
la ·succession , et la renonciation que d'autres
y feraient. Les plus proches héritiers sont-ils
des ascendants , c'est la réserve des ascendants,
peu importe également toute acceptation ou
renonciation de leur part.

Toutes les dispositions à titre gratuit, toutes
les libéralités entre-vifs ou testamentaires sont,
immédiatement après l'ouverture de la succession , réductibles à la partie disponible du patrimoine, en suivant, dans cette réduction,
l'ordre des aliénations, en remontant de la
plus récente à la plus ancienne, en procédant
au marc le franc pour la réduction des libéralités qui ont la même date.

Tant que la réserve n'est pas entamée, tant
que la quotité disponible n'est pas épuisée,
toutes les dispositions à titre gratuit sont valables; elles sont même irrévocables, si tel
est l'effet qui y est naturellement attaché par
la loi. Chacun a la faculté, le pouvoir illimité
de disposer de son patrimoine à titre gratuit,
jusqu'à ce qu'il soit parvenu au moment où
ses libéralités auraient atteint la limite entre le
disponible et l'indisponible.

Cependant, quand même le disposant aurait
franchi cette limite, il ne pourrait plus, sous
un tel prétexte, revenir sur ses libéralités, ni
les faire réduire; ni les faire annuler, si ces
libéralités étaient de leur nature irrévocables.
Les réservataires seuls ont ce droit; mais ils
ne peuvent pas l'exercer avant l'ouverture de
la succession. Tant que le disposant est en vie,
le droit de propriété des réservataires sommeille;
il est frappé d'inertie. Ils ne peuvent l'exercer
de son vivant; ils n'ont encore ni la jouissance,
ni l'administration de la réserve qui leur est
assurée après son décès. Il leur est même défendu d'exercer des actes purement conser-
vatoires : la loi est là qui veille suffisamment
pour eux.

A l'ouverture de la succession, et dès ce
moment, toutes les libéralités qui auront ex-
cédé la quotité disponible, qui auront entamé
la réserve, seront nulles, mais nulles de plein
droit, mais réputées non avenues jusqu'à concurrence du montant de la réserve, en ce sens
qu'il suffira uniquement de prouver l'empiéte-
ment sur la réserve, en ce sens que les biens
dont les libéralités ont fait l'objet, seront censés
n'être jamais sortis du patrimoine du disposant,
n'avoir jamais été aliénés par lui. Cette règle

est applicable dans toute sa rigueur, malgré la juste protection, malgré la garantie d'irrévocabilité dont sont entourées les donations entre-vifs.

Les biens aliénés au détriment de la réserve peuvent être revendiqués par une action héréditaire, par une action réelle : ils peuvent l'être entre les mains de toute personne qui les détiendrait à quelque titre que ce soit, sauf en faveur du détenteur de bonne foi et avec juste titre, les effets de la prescription par dix ou vingt ans, et les effets de l'exception du bénéfice de discussion.

La réserve doit être sauve, entière, intacte. Ainsi, dans les cas de réduction, le réservataire ne peut nullement souffrir de la perte ou des détériorations qu'auraient subies les biens affectés à sa réserve entre les mains des tiers. Il ne peut non plus souffrir de l'insolvabilité, survenue antérieurement à l'ouverture de la succession et sans la faute de son auteur, des donataires de sommes d'argent ou de choses mobilières qui auraient entamé sa réserve. Dans ces derniers cas, le réservataire pourrait remonter, par l'exercice de l'action en réduction, à des donations immédiatement antérieures en date, lors même que ces dernières donations auraient été prises exclusivement sur la quotité disponible, et qu'elles n'auraient porté aucune atteinte à la réserve, si les choses étaient restées entières. Il faut avant tout que le réservataire soit rempli de sa part. Une semblable demande formée par lui ne pourrait donc être repoussée que par la preuve que les choses données auraient également péri entre les mains du disposant.

La réserve doit être intacte et entière. Ainsi, le disposant ne pourrait grever la réserve de dettes ou charges quelconques; et lors même que le réservataire aurait reçu de son auteur un don ou un legs excédant même la réserve, mais grevé de charges ou de dettes, il pourrait se refuser à exécuter ces charges, à payer ces dettes, pour s'en tenir uniquement à son droit de réserve. L'article 917 n'est qu'une application de ce principe. Il prévoit un cas semblable, en accordant au réservataire l'option entre l'abandon de la quotité disponible et le paiement d'un usufruit ou d'une rente viagère dont le disposant aurait grevé sa succession.

La réserve doit être laissée intacte et entière. Ainsi, même dans le cas tout-à-fait exceptionnel et que nous aurons occasion d'examiner plus tard, où le disposant est autorisé à donner tout ou partie de l'usufruit de la réserve à son conjoint, il ne pourrait dispenser celui-ci de donner caution. Une pareille dispense devrait être réputée non écrite, car elle serait de nature à entamer la propriété même de la réserve.

L'usufruit conféré aux père et mère survivants sur le tiers de l'hérédité qui échoit à des collatéraux, dans les cas prévus par les art. 753 et 754, est un droit spécial qui ne doit pas être confondu, ni compris dans la réserve. Il ne peut donc pas non plus être imputé sur la portion de réserve qui est attribuée aux ascendants.

Le Code civil a restreint, a subordonné le droit de réserve à l'existence des successibles en ligne directe au moment de l'ouverture de la succession. Ce droit compétait autrefois à tous les héritiers, à quelque degré, dans quelque ligne qu'ils fussent placés ; il s'étendait aussi loin que l'hérédité, la succession ab intestat elle-même.

La réserve, avec toutes les conséquences qui y sont attachées, portant maintenant sur l'universalité du patrimoine, tandis qu'autrefois elle n'était en général applicable qu'aux propres, est établie : 1° au profit des descendants légitimes, légitimés ou adoptifs, à quelque degré qu'ils soient placés, selon l'ordre dans lequel ils sont appelés à l'hérédité. Les enfants naturels, même reconnus, n'ont pas de famille; ils ne sont pas héritiers; ils ne peuvent donc pas avoir de réserve proprement dite. Nous parlerons plus tard de la nature du droit qui leur est garanti sur la succession de leur père ou de leur mère.

La réserve est établie, à défaut de descendants légitimes : 2° au profit des ascendants, dans l'ordre de succession tracé pour l'hérédité ordinaire, c'est-à-dire, d'abord au profit des père et mère légitimes ou naturels; puis, lorsqu'il n'y a ni frères, ni sœurs légitimes, au profit des ascendants légitimes au second et ultérieurs degrés. Les enfants naturels n'ont pas d'autres ascendants que le père ou la mère qui les ont reconnus.

Le Conseil d'État avait admis, avec le premier projet, une réserve en ligne collatérale, au profit des frères et sœurs et de leurs descendants. Mais sur les observations du Tribunat, les dispositions relatives à ce droit de réserve furent retranchées. Il n'y a donc plus de réserve qu'en ligne directe. C'est là une disposition toute nouvelle, étrangère tant au Droit coutumier qui avait admis la réserve à des degrés aussi éloignés que la succession ordinaire même, qu'au Droit romain qui avait accordé une légitime aux frères et sœurs, et même au Droit intermédiaire qui avait également reconnu un droit de réserve à ces derniers.

La fixation de la réserve est relative, à la différence de l'ancien Droit coutumier où la réserve était fixée d'une manière absolue, uniforme, et indépendamment du nombre et de la qualité des héritiers délaissés par une personne.

La réserve est de la moitié de tout le patrimoine, si le défunt n'a laissé qu'un enfant légitime ou des descendants de cet enfant; elle est des deux tiers, s'il a laissé deux enfants, et des trois quarts, s'il en a laissé trois ou davantage. Le *maximum* de la réserve en ligne descendante est donc des trois quarts, et le *minimum* de la moitié; il n'y a qu'un seul point intermédiaire entre ces deux limites.

La réserve des ascendants n'est que de la moitié ou du quart. Elle est de la moitié de l'universalité du patrimoine, s'il existe des ascendants dans les deux lignes, tant dans la ligne maternelle que dans la ligne paternelle; elle est du quart, s'il n'y a des ascendants que dans une seule de ces lignes. Lorsqu'il y a des frères et sœurs en concours avec le père ou la mère, la réserve des ascendants est toujours aussi élevée que leur droit d'hérédité ordinaire même.

La réserve est subordonnée à l'existence seule de certaines personnes capables de succéder; son montant est fixé, dès le moment de l'ouverture de la succession, non d'après le nombre des héritiers acceptants, mais par le nombre des réservataires capables de succéder existant lors de l'ouverture. C'est à leur seule existence et à leur habilité à succéder qu'est subordonnée la fixation du chiffre de la réserve, laquelle ne peut plus, dès-lors, être modifiée par aucune circonstance quelconque, ni par la renonciation de la part des héritiers appelés, ni par leur indignité déclarée postérieurement. Il faut donc tenir compte même des indignes et des renonçants, pour la fixation du chiffre de la réserve. La renonciation, le jugement d'indignité, sont des actes, des évènements postérieurs, qui n'ont pu empêcher la saisine de produire tous ses effets. La réserve étant une hérédité ab intestat dès l'ouverture de la succession, ne peut plus dégénérer en succession testamentaire; et comme toute hérédité ab intestat, elle sera recueillie exclusivement par les cohéritiers des indignes ou des renonçants, et, à défaut de cohéritiers , par les héritiers du degré suivant.

Ce que nous venons de dire des indignes et des renonçants doit être appliqué également aux héritiers absents ou présumés absents. Les cohéritiers ordinaires des absents ou ceux qui recueilleraient la succession à leur défaut, succéderont seuls à la part de réserve qui aurait été dévolue aux absents, à la charge de restituer cette part à ces derniers lorsqu'ils viendraient à reparaître et réclamer leur portion d'hérédité, ou aux héritiers les plus proches des absents qui viendraient à justifier du décès des absents, arrivé postérieurement à l'ouverture de la succession; à la charge encore, lorsque le légataire universel institué ou toute autre personne ayant intérêt viendrait à prouver le décès de l'absent antérieurement à l'ouverture de la succession, de restituer ce que ces héritiers avaient recueilli de l'hérédité dans l'hypothèse de la survivance de l'absent.

Tous les héritiers à réserve viendraient à renoncer, que cette circonstance ne ferait pas encore évanouir le droit de réserve lui-même; mais la réserve accroîtrait aux héritiers ab intestat, appelés à recueillir la succession à leur défaut. Cette proposition , qui n'est qu'une conséquence rigoureuse de ce qui vient d'être dit, peut paraître trop absolue, et même contraire à la règle, admise en matière de succession, que celui qui renonce est présumé n'avoir jamais été héritier. Mais il ne faut pas perdre de vue que ce dernier adage est emprunté au Droit romain, d'après lequel l'adition seule opérait en général les effets de la saisine; tandis que dans le Droit nouveau, emprunté aux anciens principes germaniques, la saisine agit instantanément, produit tous ses effets immédiatement après l'ouverture de la succession, indépendamment de tout acte d'acceptation. Aussi, il n'est contesté par personne que la saisine n'ait passé, dès l'ouverture de la succession, même sur la tête du renonçant. D'autre part, il est généralement admis que, lorsque de plusieurs réservataires, les uns renoncent et les autres acceptent, la réserve reste fixée comme si tous avaient accepté; et que la part des renonçants profite non-seulement à leurs cohéritiers acceptants, mais à leurs cohéritiers en général, même non réservataires; et, par ce moyen, il arrive que ces derniers peuvent recueillir une partie de la réserve. Pourquoi donc, dès-lors, deux poids et deux mesures? pourquoi décider différemment, selon qu'un héritier unique à réserve ou tous les héritiers à réserve renoncent, ou selon que quelques-uns seulement des héritiers à réserve renoncent? pourquoi, dans le premier cas, n'y aurait-il plus de réserve? pourquoi, au contraire, dans le second cas, la renonciation de quelques héritiers ne modifierait-elle nullement le montant de la réserve? Pourquoi appliquer au premier cas seulement la maxime que le renonçant est présumé n'avoir jamais été héritier, et pourquoi n'avoir absolument aucun égard à cette maxime dans le second cas? La réserve n'est pas, comme la légitime du Droit romain, une fraction de ce qu'on aurait reçu ab intestat, qui dès lors doit s'évanouir, faute par celui à qui elle compète de la recueillir. Nulle part, d'ailleurs, la loi exige, pour qu'il y ait lieu à réserve, l'acceptation de l'hérédité; subordonner l'existence de la réserve à l'acceptation de la succession, ce serait faire plus que la loi, ce serait introduire un nouveau principe que la loi n'a établi ni expressément, ni tacitement. Enfin, une renonciation à succession doit être plutôt considérée comme une cession tacite de la succession aux cohéritiers du renonçant, ou à ceux qui sont appelés à son défaut.

7

Il n'y a que l'annulation de l'adoption postérieurement à l'ouverture de la succession, qui
puisse exercer de l'influence sur le montant de
la réserve, et même l'anéantir entièrement.
Les liens formés par l'adoption sont factices,
purement artificiels ; ils sont formés par la main
de l'homme ; ce n'est pas l'œuvre de la nature,
comme la parenté légitime, la parenté du sang.
Dès qu'une adoption vient à être annulée, cette
annulation produit un effet rétroactif, une ré-
vocation *ex tunc (quod ab initio vitiosum est, nullum producit effectum)* ; et l'enfant adoptif doit être
censé n'avoir jamais été adopté, n'avoir jamais
pu être successible de l'adoptant. La circonstance
de l'annulation de l'adoption influe donc nécessairement sur le montant de la réserve. Ainsi, par
exemple, une personne décède, ne laissant pour
descendant qu'un enfant adoptif ; si l'adoption venait à être annulée, la réserve des descendants
s'évanouirait d'elle-même, pour faire place à la réserve des ascendants, si le défunt en avait laissés.

Le patrimoine, sur lequel est opérée la division
en réserve et quotité disponible, est composé :

1° De toutes les choses, tant mobilières
qu'immobilières, tant corporelles qu'incorpo-
relles, qui se trouvent réellement dans la
succession, lors même que ces choses auraient

déjà été données ou léguées. C'est sur le montant de la succession ainsi composée, sur la somme de ces choses, sur cette partie de tout le patrimoine, que l'on doit déduire toutes les dettes du défunt et toutes les charges de la succession. On ne considère ici les dettes que dans leur sens le plus restreint; on n'a égard qu'aux dettes émanées d'un titre onéreux.

On doit comprendre parmi les charges de la succession : a) les frais funéraires, b) le deuil de la veuve, c) les frais de scellé, d'inventaire, de bénéfice d'inventaire, de partage et de liquidation, d) les frais des procès soutenus de bonne foi sur les biens de la succession.

Quant aux frais de la demande en délivrance de legs, ils ne peuvent qu'augmenter le legs. Si donc le legs ainsi augmenté ne dépasse pas le montant de la quotité disponible, ces frais sont supportés par la masse. Si, au contraire, les frais entament la réserve, ils doivent rester à la charge du légataire pour tout ce dont ils excèdent la quotité disponible.

Les dettes et les charges que nous venons d'énumérer, sont prélevées sur ce qui se trouve réellement dans la succession, et en cas d'insuffisance, acquittées entr'elles par voie de contribution au marc le franc, à moins de causes de préférence fondées sur des privilèges ou des hypothèques. La somme de ces dettes et de ces charges ne peut jamais atteindre aucune partie du surplus du patrimoine du défunt, déjà aliéné, qui, ainsi que nous allons l'expliquer tout à l'heure, doit être réuni fictivement à la masse. Autrement, ce serait faire profiter de la réserve les créanciers du défunt, ou bien leur accorder indirectement les bénéfices de l'action en réduction exclusivement attribués aux héritiers.

Lorsque la déduction des dettes et des charges n'absorbe pas la succession, et qu'il existe encore dans cette succession des biens provenant de la libéralité d'un ascendant, ces biens sont recueillis à titre de retour successoral par l'ascendant survivant dans l'état où ils se trouvent, et indépendamment du droit de réserve qui peut compéter à cet ascendant. Ainsi, dans ce cas, on ne doit pas comprendre ces biens dans l'universalité du patrimoine laissé par le défunt.

A ce qui reste dans la succession, après les déductions dont nous venons de parler, il faut réunir fictivement :

2° Le montant de toutes les donations entre-vifs, comme si les biens qui en ont fait l'objet n'avaient jamais cessé de faire partie du patrimoine du défunt, peu importe, du reste, que ces donations aient été faites à des héritiers ou à des tiers, qu'elles aient été faites par contrat de mariage ou non, eri faveur d'un époux ou de toute autre personne, qu'elles aient été des dons manuels, ou même des donations purement rémunératoires ;

3° Le montant de toutes les libéralités, même indirectes ou déguisées, renfermées dans des actes à titre onéreux. Mais celui qui demanderait la réunion fictive de ces sortes de libéralités, serait tenu de prouver l'existence et le montant des avantages que pourraient contenir les actes à titre onéreux ;

4° Le montant de la valeur en pleine propriété, mais en faveur de ceux-là seulement qui ont le droit de recueillir la réserve, de toutes les aliénations faites par le défunt à un successible en ligne directe à charge de rente viagère, à fonds perdu, ou avec réserve d'usufruit. Il n'est pas nécessaire de prouver l'existence des avantages contenus dans ces aliénations ; elles sont censées être de plein droit, en vertu d'une présomption *juris et de jure*, des libéralités pour toute l'importance de leur valeur, lors même que les contreprestations seraient égales ou même supérieures. La réunion fictive de ces dernières aliénations ne peut être réclamée que par ceux qui ont le droit de recueillir la réserve; encore une semblable action ne serait-elle pas recevable de la part des successibles en ligne directe qui auraient consenti aux aliénations , même avant l'ouverture de la succession. Cette denière proposition , qui constitue peut-être l'unique exception que nous sachions à la règle de la prohibition absolue des stipulations sur succession future, est un vestige des principes de l'ancien Droit germanique, qui permettait l'aliénation des propres avec le consentement des héritiers présomptifs. A titre d'exception, l'art. 918 qui, du reste, est emprunté à la loi du 17 Nivôse an II , doit être renfermé dans ses limites les plus étroites; ainsi il ne peut être étendu aux autres actes d'aliénations, lors même qu'ils renfermeraient des dispositions à titre gratuit. Mais, d'un autre côté, les aliénations dont il s'agit dans l'art. 918 ne doivent être imputées que sur la quotité disponible; la dispense de rapport est admise de plein droit en leur faveur, sans qu'elle ait besoin d'être exprimée, contrairement au principe prescrit pour toutes les libéralités en général , qui doivent toujours être rapportées, toujours être imputées sur la réserve, lorsque la dispense de rapport n'est pas expresse.

On ne comprend pas, dans la réunion fictive : 1° les frais de nourriture, d'entretien, d'éducation, d'apprentissage, les frais ordinaires d'équipement, ceux de nôces et les présents d'usage faits en faveur de ceux qui recueillent la réserve ; 2° l'immeuble qui a péri par cas fortuit entre les mains du donataire ou de son ayant-droit, et sans leur faute. Toutes ces choses ne sont pas soumises non plus au rapport.

Les biens réunis fictivement sont estimés, d'une part, d'après l'état dans lequel ils se trouvaient au moment des aliénations, et, d'autre part, d'après la valeur que ces biens auraient eue au moment du décès du disposant, sans qu'on puisse avoir égard aux changements (améliorations ou détériorations) qu'auraient subis ces biens par le fait du donataire ou du tiers-détenteur. C'est la conséquence du principe de l'inaliénabilité de la portion affectée à la réserve. C'est aussi la disposition expresse de l'art. 922. Mais, quoique cet article s'exprime d'une manière générale, il n'en est pas moins vrai qu'il doit être restreint aux choses immobilières. Si le législateur n'a pas parlé expressément des meubles, c'est plutôt l'effet d'un oubli de sa part, que parce qu'il a voulu comprendre l'estimation des choses mobilières sous la règle tracée par l'art. 922. Lors de la rédaction du Code, les idées économiques sur la richesse publique étaient loin d'avoir acquis, surtout dans l'esprit des juristes, les développements qu'elles ont pris depuis, notamment en ce qui concerne la richesse mobilière; et le plus souvent, le législateur du Code, en parlant des *biens*, n'a eu en vue que les immeubles. D'un autre côté, la maxime : *En fait de meubles, la possession vaut titre*, serait contraire à l'application de l'art. 922 aux meubles. En matière de rapport, la loi distingue, d'ailleurs, entre les immeubles et les meubles; les meubles ne peuvent être estimés que d'après leur valeur au moment de la donation, et les règles du rapport sont applicables par analogie à la matière de la réduction. Enfin, l'art. 948 exige, à peine de nullité, pour toute donation entre-vifs de choses mobilières, la confection d'un état estimatif qui doit être annexé à l'acte de donation. On peut donc décider avec certitude que toutes les choses mobilières comprises dans la réunion fictive ne doivent être

estimées que d'après leur valeur au moment
de l'aliénation.

L'universalité du patrimoine, formée et es-
timée de la manière qui vient d'être expliquée,
est divisée en deux parts, qui sont la réserve
et la quotité disponible, et qui sont fixées dans
les proportions déjà indiquées, s'il existe à
l'ouverture de la succession des personnes à
l'existence et à l'habilité à succéder desquelles
la loi subordonne la réserve. Dans le cas où
il y a des enfants naturels reconnus (nous aurons plus tard l'occasion d'expliquer la nature
et le montant de leurs droits sur la succession
de leur père ou de leur mère), leurs droits ne
sont compris ni dans la réserve, ni dans la
portion disponible; mais ils sont prélevés comme
une simple créance, après le paiement des dettes et charges ordinaires, sur ce qui se trouve
encore réellement dans la succession, et en
cas d'insuffisance du patrimoine libre, sur les
biens qui doivent être réunis fictivement à la
succession. Ce n'est que sur le patrimoine qui
restera, après que cette déduction aura été
ainsi faite, d'abord sur les biens libres de la
succession, puis subsidiairement sur les biens
réunis fictivement, que pourront être calculées
la réserve et la quotité disponible.

Toutes les libéralités excédant la quotité disponible, sont alors soumises à la réduction, et cette réduction s'opère de la manière suivante:

1° Les dispositions testamentaires et les donations de biens à venir, sont réduites au marc le franc jusqu'à concurrence de la quotité disponible; et si la quotité disponible avait été déjà épuisée par les donations entre-vifs, même par les donations de biens à venir, toutes les dispositions testamentaires deviendraient caduques. La réduction au marc le franc a lieu immédiatement entre les légataires universels, à titre universel, ou particuliers; sauf l'effet d'un vœu de préférence expressément manifesté par le testateur. A cette occasion, nous ferons remarquer que la première rédaction de l'art. 926, soumise à l'examen du Conseil d'État, était conçue dans l'esprit du Droit romain, en ce qu'elle avait admis le prélèvement d'un quart, d'une espèce de quarte Falcidique au profit du légataire universel, et que cette disposition fut ensuite rejetée dans le cours des travaux préparatoires.

2° En cas de caducité des dispositions à cause de mort, toutes les libéralités entre-vifs, générales ou particulières, sont réduites dans l'ordre de leurs dates, et en remontant de la plus récente à la plus ancienne, en remontant des tiers-acquéreurs du même donataire, postérieurs en date aux tiers acquéreurs antérieurs, et en réduisant au marc le franc toutes les libéralités portant la même date, jusqu'à ce que la réserve soit intégralement recouvrée.

Si la disposition à titre gratuit était d'un usufruit ou d'une rente viagère, dont la valeur dépassât la quotité disponible, les héritiers à réserve auraient le choix entre l'exécution de cette disposition et l'abandon de la portion disponible. C'est là un privilège qui leur est accordé exclusivement. Comme leur réserve doit être à l'abri de toute atteinte, ils sont les seuls juges, les meilleurs appréciateurs du parti qui leur serait le plus avantageux. Dans tous les cas, leur condition ne peut être pire que dans l'abandon de la quotité disponible.

L'héritier à réserve est autorisé, à l'égard de ses cohéritiers, à retenir, par voie d'imputation, sur les biens qui lui avaient été donnés entre-vifs, la valeur des biens à laquelle il a droit dans la réserve, si, parmi les autres biens affectés à ses cohéritiers, il s'en trouve encore qui soient de la même nature. C'est alors un rapport en moins prenant, et une dérogation à la nécessité du rapport en nature.

L'ordre de réduction des libéralités, admis par la loi, peut présenter ceci de remarquable. Le don en avancement d'hoirie, ou sans dispense de rapport, qui, en cas d'acceptation de la succession de la part du donataire, est réputé compris dans la réserve, et est imputable sur elle, doit, au contraire, être imputé, en cas de renonciation, sur la quotité disponible, et peut primer ainsi la donation de la quotité disponible qui aurait été faite postérieurement, même celle qui aurait été faite, sans dispense de rapport, à un autre héritier à réserve. Le réservataire, donataire antérieur en date, pourra donc à son gré, et selon qu'il acceptera la succession ou qu'il y renoncera, augmenter ou diminuer, ou même anéantir quelquefois le don par préciput, postérieur en date, qui aurait été fait à un autre réservataire, ou même à un tiers. Mais c'est là une conséquence de la règle que le rapport n'est dû qu'entre cohéritiers, et qu'il ne peut être réclamé ni par un légataire ou donataire, ni contre un légataire ou donataire, et partant non plus contre un donataire qui aurait abdiqué la qualité d'héritier. Ainsi, par exemple, un père, ayant plusieurs enfants, aura donné d'abord à l'un d'eux en avancement d'hoirie, une somme équiva-

lente au montant de la quotité disponible, puis
il aura fait un don par préciput, ou sans dispense de rapport, de la quotité disponible
à un autre enfant. Si le premier donataire
accepte la succession, il rapportera à ses
cohéritiers son don en avancement d'hoirie,
et le second donataire prélèvera la quotité
disponible qui lui avait été donnée par préciput, en supposant toutefois que le père n'ait
pas déjà eu épuisé, par d'autres actes, la quotité
disponible au moment de la donation par préciput. Si le donataire en avancement d'hoirie
renonce, la quotité disponible étant alors censée avoir été épuisée antérieurement à la donation expresse de cette même quotité, le
second donataire n'aura absolument que sa
part dans la réserve accrue toutefois de sa
part dans la portion de réserve qui aurait ap-
partenu au premier donataire, s'il eût accepté.

En vertu de la réduction, tous les biens
qui rentrent dans la succession, y retournent
francs et quittes de toutes les charges dont
les donataires ou les tiers les auraient grevés;
les droits d'hypothèque, de gage, de servitude
et d'usufruit que ceux-ci y auraient imposés,
s'éteignent, sauf, en faveur des tiers de bonne
foi, les effets de la prescription par dix ou vingt

ans, dans les cas où elle est admise : *Resoluto jure dantis, resolvitur jus accipientis.* Les biens affectés à la réserve étant réputés être la propriété du réservataire, et le défunt étant censé n'en avoir été en quelque sorte que l'usufruitier, celui-ci n'a jamais pu les aliéner au préjudice du réservataire qui en était le véritable propriétaire.

Par la même raison, si les biens donnés avaient péri entre les mains des tiers, cette perte ne sera supportée par le réservataire, ou plutôt par le patrimoine du défunt, qu'autant que les tiers pourraient justifier que les biens auraient également péri entre les mains du défunt, et que la perte a eu lieu sans leur faute, et par un cas purement fortuit.

Le réservataire ne peut non plus être tenu de supporter les détériorations qui seraient survenues aux immeubles donnés, par la faute ou la négligence des tiers.

Mais, d'un autre côté, tous les accroissements naturels, toutes les améliorations arrivées naturellement, profitent aux réservataires; tandis que les améliorations opérées par le donataire ou les tiers ne peuvent profiter qu'à ces derniers, et nullement aux réservataires.

En principe, les fruits des immeubles rentrant dans la succession, de même que les intérêts des sommes ou des valeurs comprises dans la réduction des donations mobilières, sont dûs aux réservataires dès le jour de l'ouverture de la succession. Si cependant la demande en réduction n'avait pas été formée dans l'année, une présomption de bonne foi couvrirait le donataire des choses soumises à réduction, lequel, dans ce cas, serait soumis à la restitution des fruits ou des intérêts, à partir du jour de la demande seulement. Une semblable exception protège également, dans tous les cas, le tiers-détenteur de bonne foi et avec juste titre, qui, lui, ne peut jamais être tenu à la restitution des fruits ou des intérêts qu'à partir du jour de la demande.

CHAPITRE VIII.

De quelques exceptions aux règles de la réserve qui viennent d'être expliquées, ou du patrimoine indisponible de droit exceptionnel.

La loi n'admet qu'un seul droit de réserve proprement dite : c'est celui que nous venons de développer; c'est la réserve subordonnée à l'existence de descendants légitimes ou d'ascendants capables de succéder. Cependant le Code civil a, en certaines circonstances, étendu ou restreint la faculté de disposer ou celle de recevoir à titre gratuit, c'est-à-dire, qu'il a établi un patrimoine disponible ou indisponible de droit exceptionnel. Nous allons examiner en peu de mots ces divers cas; et il nous sera facile de démontrer que vainement on chercherait à y découvrir un droit de réserve proprement dite.

SECTION Ire. *Du cas prévu par l'art. 904.*

L'art. 904 du Code civil n'établit pas un droit de réserve; mais c'est une loi de capacité purement personnelle. L'art. 904 règle uniquement la faculté du mineur de tester. D'un côté, il constitue une exception aux lois de la minorité, en permettant au mineur, parvenu à un certain âge, à l'âge de seize ans, de procéder seul à une espèce d'acte à titre gratuit, à un acte testamentaire, que sans cela il lui serait absolument interdit de faire, même avec l'assistance ou l'autorisation des personnes que la loi lui adjoint pour les actes de la vie civile; d'un autre côté, l'art. 904 restreint en la personne du mineur la faculté de disposer par testament, accordée à un majeur, à la moitié seulement de ce dont il est permis au majeur de disposer par cette voie. Le mineur de seize ans ne peut jamais disposer de l'universalité de son patrimoine par testament, dût-il ne laisser à son décès aucun héritier au degré successible; son hérédité dût-elle devenir vacante.

Ce qui prouve jusqu'à la dernière évidence que l'art. 904 ne régit que la capacité de tester et n'institue pas un droit de réserve; c'est une autre exception accordée également au mineur dans une autre circonstance; c'est la faculté du mineur de disposer par contrat de mariage, mais par contrat de mariage seulement, et avec l'assistance des personnes désignées en l'art. 1095, de tout ce dont il est permis au majeur

8

de disposer. Ainsi, la loi permettant à un majeur, qui ne laisserait pas d'héritier à réserve,
de disposer, au profit de son conjoint, par contrat de mariage, de l'universalité de son patrimoine, c'est-à-dire, de tous ses biens présents
et à venir, le mineur qui se trouverait dans
de semblables circonstances, pourrait disposer
de même dans les formes tracées par l'article
1095. Si le mineur ne laissait donc, à son
décès, ni descendants, ni ascendants, la donation régulière par contrat de mariage de tout
son patrimoine subsisterait. Il peut donc, par
ce mode, épuiser toute sa fortune ; il le peut,
lors même qu'il aurait moins de seize ans,
pourvu qu'il soit habile à contracter mariage.
Ce n'est donc pas là une réserve; car le mineur
peut disposer à titre gratuit sous une forme de
ce dont il ne peut disposer sous une autre
forme, donner par contrat de mariage ce qu'il
ne peut pas donner par testament.

Néanmoins, toute personne qui laisse la
moindre partie de sa fortune, dont elle n'ait
pas disposé, ou n'ait pas pu disposer à titre
gratuit, et à laquelle succèdent les héritiers
désignés par la loi, est réputée mourir ab
intestat, en ce sens que les règles de la succession ordinaire sont seules applicables, que

les héritiers ordinaires seuls ont la saisine, et qu'il n'y a pas d'envoi en possession possible au profit des légataires universels, lesquels sont obligés de réclamer la délivrance de leurs legs aux héritiers ordinaires. Il en est ainsi de l'hérédité du mineur de seize ans, eût-il disposé par testament de tout ce que la loi lui permet de léguer, c'est-à-dire, de la moitié de ce qu'il est permis au majeur de léguer, il n'y aurait pas pour cela de succession testamentaire; il y aurait lieu à la succession ordinaire seulement; les héritiers ordinaires seuls auraient la saisine, et le légataire universel institué par le mineur ne serait qu'un simple légataire de quotité ou un légataire à titre universel.

Le mineur n'étant autorisé à disposer entrevifs à titre gratuit qu'en un seul cas, c'est-à-dire, par contrat de mariage seulement, et dans les mêmes limites que le majeur, il est évident que, s'il n'a pas disposé de cette manière, et s'il ne laisse ni descendants ni ascendants ayant droit à une réserve, il pourra, lorsqu'il sera âgé de plus de seize ans, disposer par testament de la moitié de tout son patrimoine; et s'il laisse des descendants légitimes, ou des ascendants capables de suc-

céder, il pourra disposer, par testament, de
la moitié de la quotité disponible ordinaire.
Les héritiers à réserve, dans l'ordre dans
lequel ils sont appelés à la succession, re-
cueilleront alors leur réserve, augmentée de
la portion de la quotité disponible ordinaire
qu'il n'est pas permis au mineur de léguer.
S'ils sont en concours avec des cohéritiers non-
réservataires, les deux parties non disponibles,
c'est-à-dire, la réserve et la portion indisponible de droit exceptionnel, formeront une
seule masse, la masse héréditaire, laquelle
sera partagée d'après les règles de la succession
ordinaire, mais toujours de manière que les
réservataires recueillent exclusivement, par
voie de prélèvement, la part de réserve qui
leur est attribuée. Ainsi, par exemple, un
mineur de seize ans qui ne laisserait pour
héritiers que son père et des frères et sœurs,
aurait légué à un tiers tout ce dont la loi lui
permet de disposer ainsi. Sa fortune est de
24,000 fr; la réserve sera du quart, c'est-à-
dire, de 6,000 fr.; la quotité dont il aura pu
disposer sera de la moitié de la quotité disponible ordinaire, de la moitié de 18,000 fr.,
c'est-à-dire de 9000 fr. Prélèvement fait du
legs, il reste dans la succession, y compris

la réserve, 15,000 fr. D'après les règles ordinaires, le père ne devrait recueillir que le
quart de ces 15,000 fr., et les collatéraux les
trois autres quarts; mais comme le réservataire
doit avoir sa réserve sauve, le père prendra
exclusivement les 6,000 fr. de sa réserve,
quoique supérieur au quart de 15,000 fr., et
les collatéraux n'auront que ce qui reste dans
la succession.

SECTION II. *Du cas prévu par l'art.* 1094.

L'art. 1094 n'établit pas une réserve, il ne
règle que la capacité relative d'un époux de
profiter des libéralités qui lui seront faites par
son conjoint; il régit uniquement la capacité
relative d'un époux de disposer à titre gratuit
au profit de son conjoint. Cette faculté a pour
effet tantôt d'augmenter, tantôt de diminuer
la quotité disponible ordinaire au profit de
certaines personnes.

Mais, quelque grande que puisse être l'augmentation de la portion disponible, elle ne peut
jamais porter atteinte à la nue-propriété même
de la réserve; la nue-propriété de la réserve
doit toujours demeurer intacte; l'extension re-

lative de la quotité disponible ne peut porter que sur l'usufruit de tout ou de partie seulement de la réserve ; et encore la donation ou la disposition de cet usufruit, dans les cas où elle est permise, ne pourrait être affranchie de la caution.

L'usufruit, constitué au profit de l'époux, qui peut atteindre toute la réserve, si le disposant ne laisse à son décès que des ascendants à réserve, ne peut jamais porter que sur la moitié de tout le patrimoine, si le disposant laisse des descendants légitimes, quel que soit d'ailleurs leur nombre, et quel que soit par conséquent le chiffre de la réserve. Ainsi, le *minimum* de la réserve des descendants, qui est de la moitié de la succession, reste toujours entièrement sauf, intact ; aucune partie n'en peut même être grevée d'usufruit au profit de l'époux.

D'un autre côté, l'époux ne peut jamais donner à son conjoint, lorsqu'il laisse des descendants légitimes, quel que soit leur nombre et par conséquent le montant de la réserve, que le quart de tout son patrimoine en propriété, c'est-à-dire, une part équivalente au *minimum* de la quotité disponible ordinaire ; et, en outre, en usufruit seulement un autre quart; ou bien l'usufruit seulement de la moitié de tout son patrimoine. Mais toutes ces dispositions réunies ne pourront jamais atteindre en propriété, pas même en nue-propriété, aucune partie de la réserve, et le *minimum* de la réserve des descendants, qui est de moitié de tout le patrimoine, devra toujours être affranchi de toutes charges.

Cependant cette augmentation de la quotité disponible, étant purement relative, ne peut profiter qu'à l'époux. Ainsi, si quelqu'un avait déjà épuisé, au profit de son conjoint, la quotité disponible de droit commun, il ne pourrait plus donner à un tiers ce qui manquerait pour parfaire la quotité disponible d'après l'art. 1094. Par exemple, une personne qui, laissant à son décès trois enfants légitimes, lesquels doivent, par conséquent, recueillir une réserve des trois quarts de sa fortune, aurait fait à son conjoint une donation du quart disponible d'après les règles ordinaires, ne pourrait plus ultérieurement donner à un tiers l'usufruit d'un autre quart de sa fortune, quoiqu'elle eût pu faire une disposition semblable en faveur de son conjoint.

SECTION III. *Du cas prévu dans l'art.* 1098.

Ici encore il s'agit d'une capacité de disposer à titre gratuit purement relative, et nullement d'un droit de réserve. La quotité disponible ordinaire est restreinte relativement à toute personne qui procéderait à un second ou ultérieur mariage, et qui, à son décès, laisserait des enfants issus d'un précédent mariage. Elle ne peut disposer au profit de son nouvel époux que d'une part d'enfant légitime le moins-prenant, c'est-à-dire, d'une portion qui ne saurait être plus forte que celle que recueillera, à l'ouverture de la succession, l'enfant le moins bien avantagé; et jamais cette part ne pourra porter atteinte à la réserve, pas même en usufruit, ni dépasser le quart de tout le patrimoine. Toutefois ces règles ne sont applicables qu'au cas où l'époux qui convole en secondes nôces laisserait, à son décès, des enfants d'un précédent mariage. En l'absence de cette dernière circonstance, les principes ordinaires sur la capacité des époux de s'avantager réciproquement, reprennent tout leur empire.

Les art. 1094 et 1098 ne régissent que des capacités relatives de donner et de recevoir.

Aussi y a-t-il cette distinction entre les libéralités dont il est question dans ces articles et
les libéralités au profit de toutes autres personnes que des époux, que les donations déguisées et celles faites par personnes interposées
dans les cas prévus par les art. 1094 et 1098,
sont en général frappées de nullité pour le tout,
tandis que les avantages indirects ou déguisés,
dans les cas ordinaires, ne sont soumis qu'à
la réduction pour la portion excédant la quotité disponible.

SECTION IV. *Du patrimoine indisponible lorsque le
défunt a laissé des enfants naturels.*

Les enfants naturels, même reconnus, ne
succédaient pas autrefois dans les propres ; ils ne
pouvaient donc avoir le droit de réserve. Cela
s'explique ; car ils n'avaient pas de famille, ils
n'appartenaient à aucune famille : donc pas de
condominium pour eux. Ils ne pouvaient prétendre qu'à des aliments et à une part légitime
sur les meubles et les acquêts, dans les pays
coutumiers où la légitime était admise.

Sous l'empire du Droit actuel, les enfants
naturels ne sont pas non plus héritiers; ils ne
peuvent être investis de la succession tant qu'il

y a des parents légitimes à un degré successible acceptant l'hérédité, et même lorsqu'il y a un légataire universel ; ils n'ont jamais la saisine de plein droit. Mais les droits qui leur sont conférés par la loi, sont réels, immobiliers ; ces droit embrassent non-seulement ce qui se trouve réellement dans la succession, mais tous les biens, mais l'universalité du patrimoine du père ou de la mère qui les a reconnus. Le montant de ces droits consiste toujours en une fraction de ce qu'ils auraient eu, s'ils avaient été légitimes ; il consiste en une quotité déterminée de l'importance de la réserve légale. Les enfants naturels reconnus n'ont pas de réserve légale, mais plutôt une légitime présentant une grande analogie avec la légitime d'après le Droit romain.

Mais le droit compétant aux enfants naturels ne peu porter atteinte à la réserve légale, ne peut diminuer la réserve des héritiers légitimes, qu'en ce sens que, considéré comme une créance frappant tout le patrimoine, et s'étendant non-seulement sur ce qui se trouve réellement dans la succession, mais sur tout le patrimoine, tel qu'il est composé pour l'évaluation de la réserve légale, il doit être prélevé sur ce qui reste dans la succession, déduction faite des dettes et charges , et que subsidiairement il peut être exercé par voie de réduction sur les donations entre-vifs. La réserve légale des descendants ou des ascendants ne peut alors être fixée , que défalcation faite préalablement de la valeur du droit des enfants naturels. Il est donc impossible d'évaluer avec exactitude le montant de la réserve légale , avant d'avoir prélevé la part qui compète aux enfants naturels.

Le droit des enfants naturels doit toujours être dans les proportions relatives, tracées par les art. 757 et suivants du Code. Ainsi , en supposant que le défunt ait institué un légataire universel , le droit de l'enfant naturel sera fixé ainsi qu'il suit : s'il eût été légitime , il aurait compté pour un enfant dans la fixation de la réserve légale. Si donc le défunt n'a laissé qu'un enfant légitime, la part de l'enfant naturel sera du neuvième , c'est-à-dire d'un tiers du tiers de tout le patrimoine , la réserve étant alors censée être des deux tiers ; s'il y a deux enfants légitimes, sa part sera du douzième , ou du tiers de la troisième partie des trois quarts du patrimoine ; s'il y a trois enfants légitimes, sa part sera du seizième , ou du tiers de la quatrième partie des trois quarts ; et ainsi de suite , toujours du tiers de ce qu'aurait eu cha-

que enfant légitime, en comptant l'enfant naturel comme un enfant légitime. La part de
l'enfant naturel sur les biens de son père ou de
sa mère sera du quart, ou d'une moitié de la
moitié de leur patrimoine, s'ils n'ont pas laissé
de descendants légitimes, mais seulement des
frères ou des sœurs; elle sera des trois quarts
de la moitié, ou des trois huitièmes, s'ils
n'ont laissé ni descendants, ni ascendants, ni
frères ou sœurs ou descendants d'eux, mais
uniquement des collatéraux à des degrés plus
éloignés; enfin elle sera de la totalité de la
moitié, s'il n'y a pas de parents successibles
du tout.

On procéderait d'une manière identique, s'il
y avait plusieurs enfants naturels.

Enfin, si le défunt n'avait pas épuisé la quotité disponible, les droits des enfants naturels
se trouveraient relativement augmentés dans la
même proportion que les droits des héritiers
ordinaires.

CHAPITRE IX.

*Du retour successoral des ascendants donateurs,
et du droit d'usufruit du père et de la mère sur
la succession de leurs enfants, échue à certains collatéraux.*

Aux termes de l'art. 747 du Code, lorsqu'une personne meurt sans descendants légitimes, les ascendants succèdent exclusivement
dans les choses données par eux à cette personne, qui existent encore en nature dans sa
succession. C'est là le droit de retour successoral. Ce droit n'est pas une réserve; car les
biens composant le retour successoral ne peuvent être repris par les ascendants donateurs,
qu'autant que le défunt n'en aurait pas disposé
d'une manière quelconque, même par voie de
testament, qu'autant que les biens donnés se
retrouveraient en nature dans l'hérédité. Ces
biens ne sont donc pas frappés d'inaliénabilité
au profit des ascendants donateurs, comme des
biens faisant partie de la réserve : les ascendants donateurs n'y ont pas du vivant du donateur ce droit de *condominium* qu'ont des réservataires, quoiqu'ils les reprennent à titre
d'héritiers.

Les biens sont recueillis dans l'état où ils

se trouvent, lors de l'ouverture de la succession; point de résolution *ex tunc.*

Les biens qui sont l'objet du retour successoral, sont exclus de la succession ordinaire, et composent une hérédité à part, spéciale, distincte, mais tenue de contribuer aux dettes et charges du défunt proportionnellement au montant de la succession ordinaire. Le retour successoral constitue une exception à la règle de l'unité d'hérédité.

Les biens recouvrés ne peuvent être compris dans la composition du patrimoine pour l'évaluation ou la fixation de la réserve légale; les ascendants donateurs ne peuvent être tenus de les imputer sur la valeur de la réserve qui leur compète.

La doctrine du retour successoral amène nécessairement à cette conséquence qui peut paraître bizarre : c'est que les droits de l'ascendant donateur, auxquels sont préférés ceux du légataire, priment cependant les droits de l'ascendant réservataire qui priment les droits du légataire.

———

Lorsque, à défaut de descendants légitimes, à défaut de frères ou sœurs ou descendants d'eux, et à défaut d'ascendants dans une ligne, la succession est divisée par moitié entre les deux lignes, de manière que l'une de ces moitiés soit recueillie par les ascendants survivants dans une ligne, et que l'autre moitié soit recueillie par les collatéraux les plus proches de l'autre ligne ; si l'ascendant survivant est un père ou une mère, cet ascendant aura, indépendamment de sa part, l'usufruit du tiers de la portion échue aux collatéraux de l'autre ligne. Telles sont les dispositions des art. 753 et 754 du Code.

L'usufruit conféré ainsi au père ou à la mère ne peut être imputé sur la réserve qui leur est attribuée. C'est là un droit, un privilège tout-à-fait spécial, personnel et indépendant de la réserve.

Il semble, au premier abord, qu'il ne puisse jamais y avoir lieu à l'application de ces principes en matière de réserve légale. Mais il ne faut pas perdre de vue qu'il est possible que les collatéraux, cohéritiers du père ou de la mère, aient reçu du défunt des libéralités antérieurement à d'autres dons faits à des tiers, lesquels auraient été ensuite soumis à réduction pour parfaire la réserve de l'ascendant survivant. Tant que les collatéraux donataires n'auront pas expressément renoncé à la succession , ils ne cesseront pas d'être considérés comme héritiers , et, en cette qualité , d'être tenus au rapport des avantages qui leur auraient été faits par le défunt. Le montant de toutes les libéralités dont ils auraient profité doit alors être réputé compris dans l'hérédité, et ne sera pas à l'abri du droit d'usufruit établi par l'art. 754.

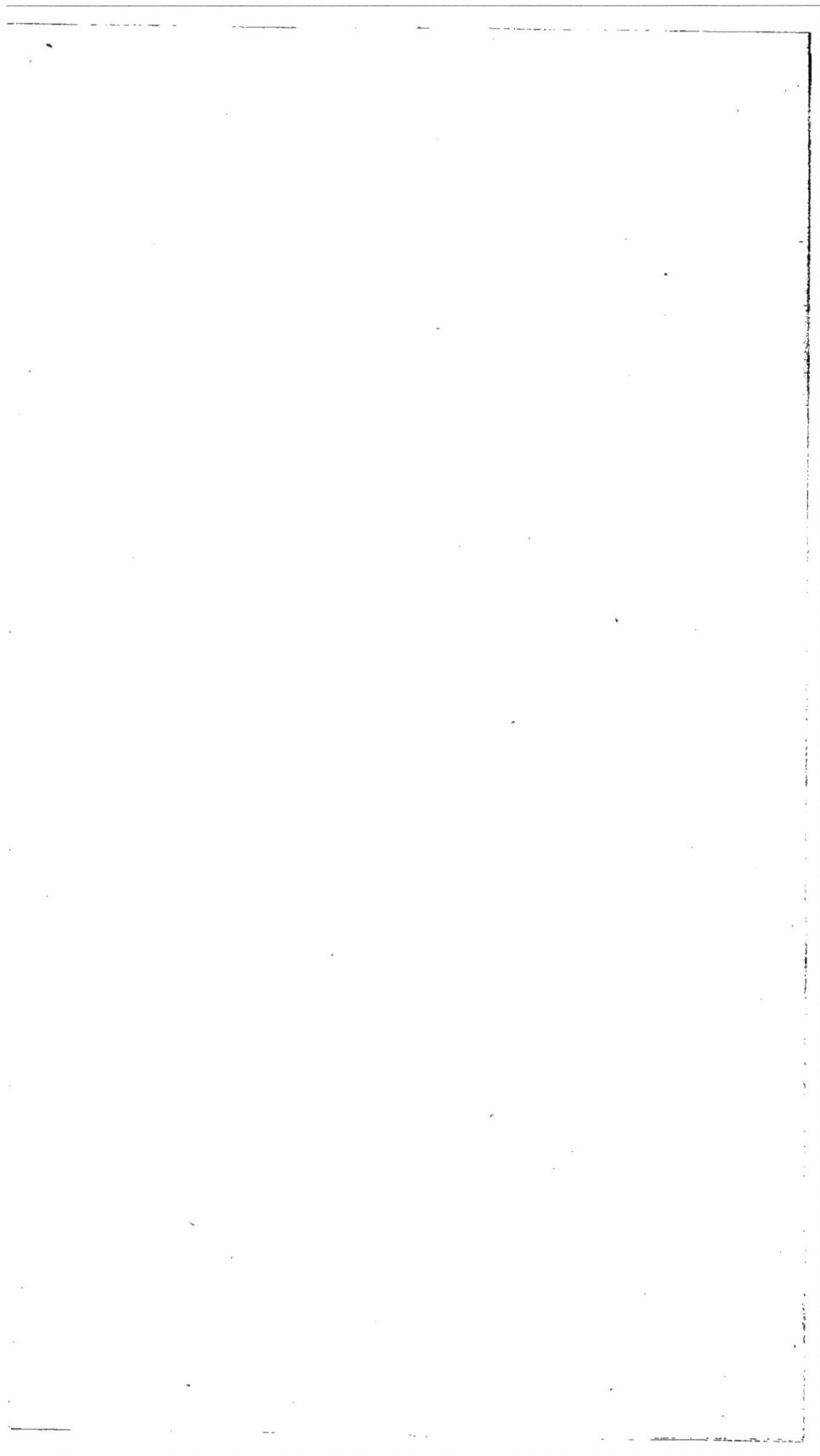

www.ingramcontent.com/pod-product-compliance
Lightning Source LLC
Chambersburg PA
CBHW062037200326
41519CB00017B/5059